Toda
maneira
de amor
vale a pena

BETY ORSINI

Toda maneira de amor vale a pena

20 histórias de quem venceu o preconceito

Copyright © 2012 por Bety Orsini
Todos os direitos reservados.
Nenhuma parte deste livro pode ser utilizada
ou reproduzida sob quaisquer meios existentes
sem autorização por escrito dos editores.

preparo de originais: Débora Thomé
revisão: Rebeca Bolite e Taís Monteiro
projeto gráfico e diagramação: Ilustrarte Design e Produção Editorial
capa: Silvana Mattievich
impressão e acabamento: Yangraf Gráfica e Editora Ltda.

CIP-BRASIL. CATALOGAÇÃO-NA-FONTE
SINDICATO NACIONAL DOS EDITORES DE LIVROS, RJ

O85t

    Orsini, Elisabeth
        Toda maneira de amor vale a pena / Bety Orsini; Rio de Janeiro: Sextante, 2012.
        192p.; 14x21 cm

        ISBN 978-85-7542-764-4

        1. Homossexualismo. 2. Homossexuais - Brasil - Biografia. 3. Relações humanas. I. Título.

12-0606   CDD: 920.930676
                                       CDU: 929-055.34

Todos os direitos reservados, no Brasil, por GMT Editores Ltda.
Rua Voluntários da Pátria, 45 – Gr. 1.404 – Botafogo
22270-000 – Rio de Janeiro – RJ
Tel.: (21) 2538-4100 – Fax: (21) 2286-9244
E-mail: atendimento@esextante.com.br
www.sextante.com.br

DEDICATÓRIA

Este livro é dedicado aos meus pais, Mario e Amélia, que me ensinaram que todos são iguais neste mundo. E ao meu filho Marco Antonio, que já nasceu sabendo.

AGRADECIMENTOS

Alessandra de Paula, Sanny Bertoldo, Gustavo Leitão, Letícia Helena, Martha Braga Neiva, Virginia Honse, Waleska Borges e Ana Paula Cardoso

Sumário

Introdução, 9

1 Virando o jogo
   MICHAEL, DO VÔLEI, 13

2 Amor reconhecido
   EVANDRO E PAULO, 23

3 Encontros e despedidas
   CARLA RAMIREZ E CINTHIA BERMAN, 35

4 Preconceito é coisa hedionda
   ANDRE FISCHER, 43

5 Pais da adoção homossexual
   ANDRÉ LUIZ E CARLOS ALBERTO, 49

6 Uma família como (quase) qualquer outra
   ANDRÉ RAMOS E BRUNO CHATEAUBRIAND, 57

7 Do primeiro encontro à união
   GILBERTO SCOFIELD JR., 73

8 À espera de um filho
   SUZANA E GYSLAYNNE, 81

9 Além do ressentimento
   JAMES ALISON, 87

10 Escrito nas estrelas
   CARLOS TUFVESSON, 97

11 No fogo do inferno
   JOACI, 105

12 A vida é uma festa
   HAROLDO ENÉAS, 115

13 A Baronesa
   DEISE, 121

14 Fé na luta
   VICTOR ORELLANA, 127

15 Homossexualidade: opção ou condição de nascença?
   GLECCIANO LUZ E RODRIGO GOMES, 135

16 Cavaleiro de Jorge
   BETO NEVES, 145

17 No interior do Brasil
   MARCO TRAJANO, 153

18 O preconceito mora ao lado
   ANDRÉ LUÍS SENA E FÁBIO SANTOS FERREIRA, 161

19 Filho de Deus
   TONI REIS E DAVID HARRAD, 173

20 Amor de farda
   FERNANDO ALCÂNTARA DE FIGUEIREDO
   E LACI MARINHO DE ARAÚJO, 181

Índice de fotos, 186

Introdução

Amor, respeito, diálogo – são essas as principais bases da convivência que os casais homossexuais entrevistados para este livro consideram essenciais ao seu cotidiano. O que não significa que sejam pessoas com ideias ou atitudes parecidas. Ao contrário. Pois é a diversidade, além da abertura para mostrar a própria face ao mundo, uma das características mais notáveis dos que generosamente compartilham aqui suas descobertas e suas vidas.

De diferentes origens sociais, profissões, religiões e situações financeiras, discretos ou extrovertidos, brancos ou negros, magros ou gordos, bem-humorados ou melancólicos, abrigando visões de mundo liberais ou conservadoras, nossos entrevistados estão muito distantes dos estereótipos que teimam em reduzir a identidade gay a apenas um dos aspectos que a constituem – a sexualidade. Muitos tiveram que aguardar a idade adulta para entender o que acontecia com seu desejo; outros o fizeram ainda no início da adolescência, sem saber direito o que sentiam, "sabendo apenas que era bom". Muitos enfrentaram a rejeição familiar e o *bullying* na escola, ficando com marcas permanentes (como as memórias do menino "diferente" que tinha dor de barriga todo domingo à noite, véspera de aula); outros puderam contar com o apoio de parentes e amigos. De uma forma ou de outra, quase todos os entrevistados sofreram pressões, inclusive de si mesmos, para ser "iguais a todo mundo". A liberdade de escolha desde sempre produz incômodo, e a homofobia encontra eco, no século XXI, em pessoas que não entenderam que a atração afetiva e/ou sexual existe numa sequência que varia desde a homossexualidade exclusiva até a heterossexualidade exclusiva, passando pelas diversas formas de bissexualidade.

É comum que os homossexuais sejam apontados como pessoas alegres, carismáticas, especialistas em sedução – talvez porque, como pondera um entrevistado, eles tenham se habituado a dar asas à fantasia, a exercer abertamente sua sensibilidade e a vislumbrar o que há por trás das aparências. Mas as relações homossexuais são tão diversas quanto quaisquer relações humanas – podem ser ternas, exageradas, platônicas, travadas, reservadas, grupais, sadomasoquistas...

Alguns entrevistados aprenderam a duras penas que a orientação sexual não é uma opção que possa ser modificada por um ato de vontade. Para os que vieram de relações heterossexuais ou ambientes rígidos (como os de cidadezinhas pequenas), foi mais doloroso vivenciar a homossexualidade e criar vínculos com os novos parceiros, pelo temor de expor a intimidade perante filhos que já existiam e a família de origem. Parece ter ficado gravada no inconsciente coletivo gay a ameaça de humilhações similares às que transformaram em pária o escritor inglês Oscar Wilde, autor da célebre expressão "o amor que não ousa dizer seu nome" para referir-se à paixão homossexual.

Ao contrário do que pensam os preconceituosos, porém, a paixão homossexual, que hoje diz seu nome sem pudores, não está sempre ligada à lascívia e à volúpia. Gozos, gemidos e amores fugazes existem. Mas as entrevistas deste livro revelam principalmente casais preocupados com os sentimentos e as emoções, tratando seus parceiros com delicadeza e carinho. Amantes fogosos, sim, mas que acalentam o sonho de envelhecerem juntos. Dizer "eu te amo", acompanhar o parceiro nas rotinas simples, planejar a adoção de filhos e a compra de uma casa fazem parte do dia a dia dos casais homossexuais, ainda que muitos não entendam isso. Uma senhora muito católica disse ao filho, repetidas vezes, que preferiria vê-lo delinquente a gay! Outras mães, menos radicais, relutantemente admitiram que homossexuais "também são filhos de Deus".

Os casais gays anseiam por legitimidade. Os que tiveram filhos, por inseminação ou adoção, nos contaram da emoção e do cuidado com a prole. As grandes cidades brasileiras estão cada vez mais preparadas para os vínculos familiares homoafetivos, e hoje algumas escolas têm o "dia da família", em vez de dias dos pais ou das mães.

Mas ainda é preciso muita conversa – e muita educação – para que o conjunto da sociedade venha a aceitar o outro tal como ele é verdadeiramente, sem querer modificá-lo. A percepção popular de que o menino homossexual é pernicioso aos outros meninos, na escola e na vizinhança, foi mostrada em pesquisas recentes em capitais brasileiras, o que deixa muitos homossexuais alarmados, já que a violência pode ser uma consequência nefasta desse pensamento. Centenas de grupos espalhados pelo Brasil reivindicam o respeito aos direitos fundamentais dos gays, mas ainda não há legislação brasileira para casamento homossexual. Na prática, os casais já podem fazer contratos de união estável, à qual se estendem os mesmos direitos das uniões entre homens e mulheres. Aos poucos, portanto, os avanços se consolidam. O futuro está chegando, e é muito bom participarmos dele.

1

Virando o jogo

MICHAEL, DO VÔLEI

Primeiro de abril de 2011. Mais de 2 mil pessoas lotam o ginásio do Riacho, em Contagem, Minas Gerais, para a primeira partida das semifinais da Superliga Masculina de Vôlei, entre Sada Cruzeiro (MG) e Vôlei Futuro (Araçatuba, SP).

Para o jogador Michael Pinto dos Santos, do time do interior paulista, esse jogo não ficaria marcado apenas pela derrota de sua equipe – que acabaria em terceiro lugar na competição. Pela primeira vez, em 28 anos, ele sentiu na pele o preconceito por ser gay: "Eu jamais tinha sido hostilizado daquele jeito, até porque o vôlei tem uma cultura mais família, de respeito. O ginásio estava lotado, era todo mundo gritando, me chamando o tempo todo de 'bicha'. O jogo foi passando, as pessoas não paravam. Aquilo foi me irritando. Quando sacava e ia para o banco, uma menininha de uns 10 anos, sentada atrás de mim, gritava: *'Bichaaaaaaaaaaaaa!'* Fiz cara feia para ela. E para todo mundo."

Tristeza não foi exatamente o que Michael sentiu. Sua sensação foi de medo: ele ficou assustado com tamanha exposição, já que o jogo era transmitido pela televisão. Até então, nunca tinha ido a uma parada gay justamente por ter medo de ser visto na TV.

Sua mãe ficou abalada: "Já pensou se fosse com uma pessoa cuja família é muito rígida, que não soubesse que o filho é gay?"

Depois do incidente, Michael assumiu em público sua homossexualidade. Não era preciso, mas não queria ficar calado diante dessa situação constrangedora. Por isso deu entrevistas, cobrou mais respeito das pessoas. A repercussão foi grande. A homossexualidade, em especial de uma pessoa pública, ainda é um acontecimento: "As pessoas me cumprimentaram, disseram que tive muita coragem de ir à televisão. Jamais tive problema com isso e nunca falei nada antes porque não era necessário. É só olhar para mim e ver que sou gay. Todo mundo que me conhece, no vôlei, já sabia. Só resolvi falar porque foi realmente chato. Se tivessem dito outras coisas, não me importaria. Já houve jogos em que ficavam gritando 'chapinha, chapinha!'. Acho engraçado. Mas não pensei que me assumir renderia tanto. A gente acha que as pessoas hoje são menos moralistas, mas só percebe a dimensão das coisas quando acontece algo assim."

O choque causado pelo episódio não durou muito. Logo Michael voltou à vida normal. Em Araçatuba, onde fica seu clube, o carinho das pessoas é grande, assim como as manifestações de apoio. "Olha, a gente está com você" e "Você joga pra caramba, tem que ser o que você é mesmo" foram as frases mais ouvidas. Do alto de seus 2,02 metros, mesmo em São Paulo o jogador não passa despercebido.

Nem quer. Gay "desde pequeno", Michael não esconde a vaidade, o gosto por roupas de grife, pelos mais diferentes tipos de creme e pela fiel escudeira, a escova inteligente: "Gay não gosta de cabelo enrolado, né? Faço escova inteligente de três em três meses. E fiz sobrancelha definitiva também. Sou vaidoso. Na época em que morava em São Paulo, aparecia com roupa nova todas as semanas. Depois sosseguei, fiquei uns dois anos sem comprar nada. Tenho essas fases. E gosto de me cuidar. Sempre carrego na bolsa três tipos de xampu, não sei quantos condicionadores, creme para pentear, secador... É um salão de beleza."

Certa vez, quando dividia o quarto com um colega durante uma competição, Michael se machucou e teve de voltar para Araçatuba. O outro jogador levou uma menina para o quarto. Assim que ela entrou no banheiro, começou a brigar: "Fica com ela." Na hora, o rapaz não entendeu nada. Só foi compreender depois, ao entrar no banheiro e ver que lá havia secador, chapinha e um monte de cremes.

Para Michael, falar sobre o tema é natural. Desde pequeno, se sentia diferente dos outros meninos. Filho único de mãe lésbica, foi criado pelos avós até os 11 anos e cresceu na companhia de dois primos, um menino e uma menina, que considera os irmãos que não teve. Com o pai, que morava em São Paulo, só teve contato até os 7 anos. Na época, ele o visitava esporadicamente e pagava uma pensão. Depois sumiu e não deu mais notícias. Como sua referência masculina era o avô, o pai não fez tanta falta assim. Com o passar do tempo, Michael foi se esquecendo de seu rosto.

Na casa dos avós, em Birigui, Michael cresceu sem grandes censuras. Brincava de casinha, usava a maquiagem da tia... Era brincando de família que desempenhava o papel de que mais gostava: "Éramos eu, meu primo, um amigo e uma amiga. O engraçado é que, todas as vezes, eu era a mamãe, minha amiga era o papai, meu primo, a filhinha, e meu amigo era a minha irmã. A gente nunca foi podado por isso. Hoje, eu e meu primo somos gays e minha amiga é lésbica. Só meu amigo é heterossexual. Para a gente, era tudo normal. Na escola, os meninos já sacavam e me xingavam, chamavam de 'bichinha'. Sempre tinha alguém que queria me bater. Nessas horas, eu corria. Era muito bobão, sabia que se ficasse e resolvesse brigar acabaria me dando mal. Mas jamais fiquei triste, só não queria apanhar."

Em casa, o clima era tranquilo. Michael não se lembra de os avós comentarem a orientação sexual de filhos e netos. Todos sabiam, ninguém precisava dizer nada. Dos oito filhos que tiveram, dois são gays, além de dois netos. Michael costuma brincar que a sua é "a família mais gay do mundo".

Começou no esporte aos 10 anos, por causa do primo, fazendo ginástica olímpica. Como era o mais alto, nem sempre acompanhava o resto da turma nos exercícios de solo e de salto sobre o cavalo. Aos 13, ainda no ginásio de esportes de Birigui, descobriu o vôlei.

Nessa época, já morava com a mãe, que tinha voltado definitivamente para a cidade depois de alguns anos na vizinha Araçatuba. Ficou com ela dos 11 aos 15. E brigava porque queria atenção: "Às vezes, voltava de viagem e ela não ia me buscar na rodoviária porque estava na casa de uma amiga, em um churrasco ou numa festa. Eu reclamava, mas nunca tive problema com suas namoradas. Só depois de adulto, quando comecei a sair, foi que a entendi melhor. Quando nasci, ela tinha 20 anos, era muito nova. Hoje somos muito próximos."

Aos 16 anos, Michael passou na peneira (como é chamado o processo de seleção no esporte) do Banespa (mais tarde batizado de Brasil Vôlei Clube) e partiu para São Paulo, onde viveu quatro anos no alojamento do clube. Se tivesse continuado em Birigui, provavelmente teria tido o mesmo destino dos tios: a fábrica de calçados da cidade. Por isso, sua mãe não o deixava trabalhar: "Se você entra numa fábrica de calçados, não sai mais", dizia para o filho.

A mudança foi um divisor de águas e a prova de fogo para sua sexualidade. Ele se esforçava para não virar motivo de gozação para os meninos de sua idade. Não dizia que era gay, mas também não falava o contrário. Mantinha-se na companhia de meninas.

Quando quis mostrar que não era tão diferente assim, deu um beijo em uma menina durante uma festa. Foi ela quem se aproximou. No ano seguinte – dessa vez sem plateia –, já aos 17, beijou um menino pela primeira vez. O comportamento era uma espécie de instinto de preservação em uma época muito confusa.

"Tinha amigos iguais a mim na minha cidade e, de repente, estava vivendo com um monte de héteros em São Paulo. Em Birigui, tinha gente que ficava de risinho ao me ver e os meninos implicavam comigo na escola. Não queria que nada disso acontecesse de novo. Sempre fui eu mesmo, só não queria que ficassem falando ou fizessem brincadeirinhas. As coisas só melhoraram um pouco com a chegada de dois meninos gays."

No entanto, a imagem que poderiam fazer dele continuava a incomodá-lo. Sempre que ia a boates GLS inventava uma desculpa para os companheiros de clube. Aos 20 anos, em um "programa de homem" com os colegas, acabou em um puteiro. Sua sorte, conta, é que não foi sua primeira experiência sexual. Ele já tinha transado com um menino antes. Ainda assim, a experiência é qualificada como "traumatizante": "Logo que a gente chegou ao quarto, perguntei à mulher se ela poderia colocar um filme pornô para ver se eu sentiria alguma coisa. Eu só ficava pensando: 'Como vou fazer esse negócio?' Excitado eu não fiquei, não, mas rolou mais ou menos. Lembro que, quando acabou, ela me perguntou: 'Por que você me empurrou?' Eu tinha empurrado e nem percebi. Hoje, conto essa história para meus amigos e eles rolam de rir."

Por volta dos 21 anos, Michael resolveu assumir de vez a homossexualidade. Embora os amigos já soubessem, fez questão de contar. A atitude tirou-lhe um peso das costas. Se os comentários o incomodavam antes, agora já não se importava se alguém o visse em uma boate gay, por exemplo. Era um momento de mais maturidade. Como um mantra, ele repete para si: "Sempre fui assim, todo mundo me trata bem, e não tenho motivo para tentar ser diferente do que sou." Tem funcionado.

De bem consigo mesmo, Michael esbanja alegria. Não é a mais extrovertida das pessoas, mas ao conversar com alguém estabelece logo uma relação de amizade. Embora as brincadeiras a respeito de sua homossexualidade nunca lhe tenham tirado o sono, ele desenvolveu uma forma de se preservar. Isso se traduz na maneira como se aproxima de alguém: "Sou um pouco tímido com quem não conheço. Fico esperando para ver a reação da pessoa, para saber o que ela está achando de mim. Por ser gay, sempre acho que alguém vai falar alguma coisa."

Talvez por isso prefira os amigos a um namorado. Até hoje não teve uma relação longa. Mas ele não se importa. Dos beijos nas meninas (situações nas quais ele se não se lembra de ter tomado a iniciativa) aos amores platônicos, seus namoros, se é que podem ser chamados assim, ainda não passaram de dois, três meses. Nem ele sabe exatamente o motivo, mas diz que, de tanto ouvir os problemas dos amigos em seus relacionamentos, pode ter perdido um pouco o encanto. Como, segundo ele, o vôlei é o esporte preferido dos gays, muitos o conhecem, o que acaba por assustar um pouco os pretendentes. Mas tudo tem seu tempo: "Sempre fui muito moleque e, até os 20, 21 anos, eu e um amigo éramos apaixonados por todo mundo. Mas era tudo platônico. Ele adorava um menino que era caixa de supermercado e inventava motivo para ir lá o tempo todo. Eu também tinha isso, de ouvir música e chorar por causa do cara, ir a um lugar só para vê-lo, mas sem que ele soubesse, claro. Às vezes penso: 'Será que vou ficar velho sozinho?' Mas nunca tive sonho de casar, de ter filho, essas coisas. Acho que sou muito exigente. Quando gostam de mim, já não quero mais. Não sei se tem a ver com o signo... Sou de áries, tenho temperamento forte mas sou bem maleável. Faço tudo pela pessoa. Mas ai dela se, caso eu peça alguma coisa, não faça do jeito que eu quero."

Somente após a mudança para Araçatuba, Michael começou a aprender a viver sozinho. Apesar de completamente independente desde os 18 anos, ainda dividia apartamento. Passou assim a ter um lugar para chamar de seu. Adorou a liberdade de fazer o que quisesse, de andar pelado pela casa. A adaptação, de todo modo, não foi das mais fáceis.

Seu maior medo foi e continua a ser o de se sentir solitário, sem ninguém para conversar. Por isso, até recentemente não considerava a possibilidade de jogar no exterior. Mais do que a vontade de viver a experiência, pesavam o receio de ficar triste, sozinho, de não se acostumar e, o pior de tudo, não corresponder às expectativas. Michael superou mais este bloqueio. Hoje não descartaria um bom convite para atuar em outro país apesar do prazer de ter todas as pessoas queridas por perto.

Ele não costuma abrir mão de estar com elas. Em época de treino, sai do ginásio às 20h e vai visitar alguém. Pode ser um amigo, uma amiga, ou mesmo a mãe e a avó, em Birigui. Ao trocar a badalação de São Paulo pela tranquilidade da cidade do interior, descobriu outros prazeres: "Em São Paulo a vida é louca, a gente não tem tempo para nada. Fiquei mais caseiro, posso passar horas conversando com meus amigos em casa. E lavo, passo, cozinho, prego botão, troco chuveiro se precisar, e até costuro. Ficava vendo minha avó fazer as coisas e aprendi. Não sei preparar pratos sofisticados, mas faço arroz, feijão, carne, lasanha. Sou prendado."

Tudo aconteceu aos poucos para Michael, sem grandes planejamentos. Não imaginou que se tornaria um jogador de vôlei profissional e que, através do esporte, poderia ter uma vida estável e ajudar a família. Tem o próprio carro e sonha em comprar uma casa.

No futuro, espera fazer uma faculdade para não ficar sem rumo quando não for mais atleta. Talvez escolha educação física, carreira mais próxima do vôlei. Acha que também se sairia bem em moda, decoração, desenho ou pintura. Ainda não sabe. E não tem pressa para decidir. Totalmente *low-profile*, só quer ser atleta enquanto conseguir atuar em alto nível – pelos seus cálculos, isso significa mais uns cinco anos (a aposentadoria deve chegar por volta dos 33). Por isso, não exagera ao dizer que se viu no meio de um turbilhão para o qual não estava preparado. Recusar o papel de "símbolo de um movimento" e negar-se a se tornar uma celebridade fazem parte de uma postura de vida. Seu objetivo era e continua sendo apenas jogar vôlei: "Eu não me via abraçando uma causa e jamais tinha parado para pensar em nada disso. Algumas pessoas vieram me dizer que tenho um poder nas mãos para falar, me posicionar, mas agora só quero jogar vôlei. Quem sabe, no futuro, eu possa fazer alguma coisa contra a homofobia? Acho mesmo que tive coragem e, há um tempo, nunca imaginaria tomar essa atitude. Foi um passo muito grande."

Michael está satisfeito com o que tem feito da vida. Ao trocar Birigui (uma cidade de pouco mais de 100 mil habitantes) por São Paulo, abriu mão da adolescência e se permitiu encarar um futuro desafiador. Da peneira até a temporada de 2009, no Brasil Vôlei Clube (antigo Banespa), foram 11 anos no mesmo clube: "Quando fui fazer o teste, as peneiras duravam um mês inteiro. E cheguei lá: um monte de meninos da capital, eu do interior, muita gente até maior do que eu. Eu só pensava: 'Meu Deus, o que estou fazendo aqui?' Nessa peneira, o Murilo (da seleção brasileira, eleito o melhor jogador do mundo no Campeonato Mundial de Vôlei de 2010) também estava. Fui passando nos testes até chegar o último dia. Tinha certeza de que não iria ficar. Lembro bem: fui o terceiro a ser chamado. Meu coração estava acelerado... Mas nunca imaginei que o vôlei seria minha vida, minha educação."

Por seu desempenho no clube, acabou convocado para as seleções brasileiras infantojuvenil e juvenil, e subiu ao pódio em todas as competições importantes que disputou. Foi campeão sul-americano e mundial infantojuvenil, sul-americano juvenil e vice-campeão mundial juvenil. Depois de adulto, foi convocado uma vez para a seleção B, que disputou amistosos contra a Argentina: "Como atleta, a gente sempre pensa em seleção, seja em qual modalidade for. Mas quero é fazer um bom trabalho no meu clube, o resto é consequência. Não sou um jogador frustrado por não ter sido chamado para a seleção oficial, até porque conquistei muita coisa legal em todos esses anos de vôlei."

São oito anos como profissional em times fortes: primeiro o Banespa e, depois, o Vôlei Futuro.

Em Araçatuba, Michael encontrou um suporte para sua tranquilidade. Além de o clube arcar com os custos de moradia dos atletas, oferece estrutura de treinamento com ginásio, refeitório, piscina e academia.

Na cidade, ele se sente quase um pop star, tamanho o envolvimento dos moradores com o vôlei. Ainda se adaptando, conta que às vezes tem a impressão de que Araçatuba é mais conservadora do que Birigui. Talvez por isso tenha se impressionado com o apoio até de pessoas consideradas mais rudes após aquele jogo em Contagem. Por mais que tenha sido atingido pelos xingamentos, Michael sabe que sua história, infelizmente, ainda é exceção: "O que ocorreu comigo não foi nada perto do que acontece com muita gente. Não foi nada perto do que deve ter acontecido com minha mãe. Hoje ela tem 48 anos. Imagina o que deve ter sido para ela há 20 anos, como sofreu naquela época, até porque não tem um jeito feminino, é mais masculinizada mesmo. Já eu tenho uma família que me aceitou, nunca fui desrespeitado dentro do vôlei. Sou um privilegiado. A gente ouve casos de pessoas que são expulsas de casa, são espancadas, sofrem preconceito no trabalho. Como se fosse uma vergonha ser o que é. Por isso, muitas se escondem. Sempre dei a cara a tapa, mas sei que cada um tem seus motivos. Para mim é fácil, porém, sinceramente, não sei o que é melhor: fingir ou enfrentar o preconceito."

No dia 5 de maio de 2011, o Supremo Tribunal Federal (STF) aprovou a união estável de homossexuais, mas não o casamento entre pessoas do mesmo sexo. Mesmo assim, foi uma vitória na luta que já dura décadas.

A Argentina, em julho de 2010, tornou-se o primeiro país na América Latina a autorizar homossexuais a se casarem e a adotarem filhos, juntando-se a Holanda, Suécia, Portugal, Espanha e Canadá. Para Michael, a decisão, mesmo com atraso, é uma conquista para que se possa exercer a cidadania plena: "Foi uma decisão muito importante, porque existem muitos casais gays que vivem juntos. Seria o cúmulo proibir isso. Eu, por exemplo, não sei se vou querer casar, ter filho. Mas gosto muito de crianças e, se tiver uma vida estável, talvez queira. É um direito que tenho."

2

Amor reconhecido

EVANDRO E PAULO

Os primeiros sinais da alma delicada surgiram quando o artista Evandro Araújo Júnior era criança, na pequena cidade de Maranguape, Ceará. Sua sensibilidade apurada se manifestava em momentos diferentes. Toda vez que a mãe o levava à escola, caminhando pelas ruas cheias de árvores que os protegiam do sol escaldante, ela se via obrigada a arrastar o menino pelo braço ao longo do trajeto. É que, fascinado pelos ramos, que oscilavam com a brisa e refletiam seus braços verdes na sombra espelhada no cimento, Evandro teimava em imitar o movimento dos galhos, entregando-se a um bailado ondulante.

Ele tem quatro irmãos, mas foi filho único até os 11 anos, época do nascimento de seu irmão homem, Frederico. Em criança, se sentia rejeitado. As meninas, preparadas para casar, eram produzidas com roupas bonitas nos fins de semana para ir ao baile, como iscas para atrair rapazes casadoiros.

Para os vizinhos da rua Coronel Manoel Paula, no centro de Maranguape, Evandro era um menino espevitado, cheio de talentos, que vivia grudado em Dona Ieda, sua mãe. Ela era uma das costureiras mais conhecidas da cidade, figura popular que mantinha as janelas e as portas da casa escancaradas, sempre a oferecer fatias de bolo de fubá para quem cruzava sua calçada.

"Mamãe teve uma confecção escondida do meu pai. Quando ele descobriu, destruiu todas as máquinas com um machado e exigiu que costurasse apenas em casa. Pena. Era uma guerreira, devia ter sido a provedora da família", recorda Evandro.

Intuindo a delicadeza do filho, Dona Ieda o incentivava a trocar a pequena Maranguape por uma cidade grande, repleta de possibilidades. Insistia em que ali não havia futuro para ele. "Meu filho, você tem que sair daqui, conquistar o mundo", dizia.

Com ela, Evandro aprendeu muitas coisas. Toda vez que visitavam alguém, ela lembrava que homens não deviam entrar no quarto da casa das visitas, só as mulheres podiam desfrutar essa regalia. Sua mãe achava que era falta de educação. O resultado foi que, no início do seu relacionamento, Evandro não conseguia transar no quarto de jeito nenhum. Durante anos, foi um problema terrível.

Seu pai, o eletricista Evandro Araújo, era um sujeito rígido, tipo machão, que vivia amargurado e destratava todo mundo.

"Os héteros sofrem muito com essa exigência de ter que prover a família, de não poder chorar ou demonstrar fraqueza dentro de casa. Eles são obrigados a deixar a fragilidade do lado de fora. Sentia que meu pai era infeliz ao agir assim", avalia.

Se não fosse Dona Ieda, Evandro não teria conseguido assumir a homossexualidade com tanta leveza: "Não tenho comportamento feminino. Sei guardar a delicadeza que existe em cada homem e em cada mulher, mas que nem todos usam. Só que nós, homossexuais, trabalhamos muito essa sensibilidade. Assim seduzimos melhor as pessoas. Acho que, embora sejamos mais agradáveis, mais alegres, somos pessoas como quaisquer outras."

Foi exatamente essa delicadeza que conquistou uma de suas

professoras, que o incentivou a fugir para o Rio, como ele vivia ameaçando. Um belo dia, Evandro foi até a casa dela, avisou que enfim iria fugir e jurou se matar caso ela contasse para seus pais. A professora duvidou da decisão, então fizeram um pacto de sangue. Evandro escreveu num papel que ia fugir, depois fez um cortezinho no braço com gilete e esfregou o sangue no papel como prova irrefutável da escolha.

Nessa época Evandro ainda não tinha descoberto sua homossexualidade. Namorava Lúcia Helena e era um garoto brigão, respeitado no colégio.

"Sempre tive personalidade forte, ninguém fazia piada comigo. Eu jogava bola no colégio, enfrentava o filho do prefeito, do médico mais importante da cidade, do gerente do banco. Meus pais ficavam apavorados, aconselhavam a não me comportar daquela forma, porque eles eram poderosos. Mas eu ficava furioso e revidava, achava que eram iguais a mim e ameaçava quebrar a cara deles", lembra.

A fuga para o Rio aconteceu em 1973, quando tinha 18 anos. Os amigos emprestaram algum dinheiro, ele deixou uma carta de despedida para os pais e a namorada não colocou empecilho: "Nós nos amávamos muito, tínhamos afinidades, era uma relação forte entre duas crianças. Naqueles anos 1970 éramos puros, dançávamos a noite inteira nos bailes."

Muitos anos depois, descobriu que Lúcia tinha casado com uma mulher e que as duas vivem felizes até hoje. Ao saber disso, percebeu que haviam se aproximado naquela época porque eram iguais. Foi um amor platônico costurado com o viés da diferença.

Assim que chegou ao Rio, Evandro procurou uma tia que morava em Caxias. Sentiu o peso do preconceito ao perceber que a família não aprovava sua presença. Seis meses depois, a mãe desembarcou na cidade. Levava um dinheirinho para o filho e a indicação de uma pensão acolhedora na rua Machado de Assis, no Largo do Machado, que lembrava uma vila francesa.

As donas, Vitalina e Nair, hospedaram o rapaz num quarto coletivo. Eram ele, um garçom gay e com tendências suicidas, um burocrata certinho e o chefe de seção de uma empresa de elevadores. Ficaram muito amigos. Todos tinham deixado suas famílias num Nordeste distante e, por solidão, acabaram virando uma família.

Tudo era maravilhoso naquele período. Caminhar pelas ruas e olhar as vitrines era o grande programa de Evandro. Melhor do que isso, só as conversas com as donas da pensão: "Acho que dona Vitalina e dona Nair eram um casal, tal o carinho que existia entre elas."

A pensão não servia café da manhã, mas toda vez que subia a escadinha para o segundo andar ele encontrava uma mesa pequena coberta com toalha de plástico e três copos com o nome de cada hóspede pintado com esmalte de unha. Mais adiante ficava o filtro de cerâmica. Durante um tempo, Evandro fez um acordo com dona Vitalina. Era uma deferência toda especial que ela concedia a ele. O hóspede guardava o dinheiro do colégio e da passagem e lhe dava o que sobrava em troca de jantar todas as noites. Dona Nair era mais calada, saía de casa uma vez por mês para receber a aposentadoria e nos outros 29 dias alternava a observação da rua pela janela da casa com a leitura de livros.

A essa altura, Evandro tinha conseguido arrumar um emprego de *office-boy* no supermercado Peg Pag. Foi lá que conheceu o marido, Paulo, contratado como projetista da empresa para modernizar as novas lojas da rede.

"A primeira vez que o vi, Paulo estava parando o fusquinha verde-abacate no estacionamento. Percebi que ele poderia cair, pois o cadarço do seu tênis estava desamarrado. Avisei-o. Lembro que bateu no meu ombro, agradecido, me olhou profundamente e foi embora. Paulo sempre teve um olhar terno e triste. Anos depois, descobri que esse olhar era fruto de uma depressão que o acompanhou por toda a vida e que estava ali, latente, prestes a explodir. A mãe de Paulo se matou quando ele tinha 8 anos e as lembranças mais fortes que tinha dela eram as das crises mentais, que culminavam com a chegada dos enfermeiros levando-a, amarrada, para o hospital. Tempos depois, ela voltava e ninguém falava mais no caso", conta Evandro.

O sentimento intenso que sentia por Paulo levou Evandro a enfim descobrir sua homossexualidade. Naquela época, ainda não sabia que o futuro namorado também era gay. Apenas percebia que os olhares que recebia não eram de agradecimento. Foram eles que abriram a primeira porta para que se assumisse.

"Antes de Paulo, minha vida era toda negra, não me conformava com a maneira como estava vivendo e tinha ódio dessa sociedade moralista a impor esse preconceito horroroso que nos impede de ser o que somos", confessa Evandro.

Um belo dia, ele e Paulo se encontraram – não por acaso – na porta do supermercado. Paulo convidou-o para almoçar numa pensão próxima. O artista lembra a emoção que sentiu ao subirem a escadinha que levava ao salão de refeições. Sentaram estrategicamente na última mesa e falaram sobre suas vidas.

"Eu me sentia como se estivesse comendo o prato mais sofisticado no restaurante mais maravilhoso do mundo. Estava apaixonado e não conseguia mais esconder isso de mim mesmo. Acho que Paulo também estava", arrisca.

Entre 1975 e 1977, o relacionamento foi só de amizade. Mas os encontros continuaram. Iam ao cinema, à praia. Não viajavam porque, naquela época, o dinheiro era curto. Mas ali já existia um amor imenso, nunca externado. Um amor platônico alimentado sem palavras.

Antes de morar com Evandro, Paulo tentou namorar várias mulheres. Achava que ficaria "curado" da homossexualidade. No último relacionamento, a namorada engravidou e Paulo decidiu casar quando ela estava com quatro meses de gestação. Foi um desastre: o casamento durou apenas quatro meses.

Evandro e Paulo acabaram deixando seus empregos no supermercado para trabalhar em outras empresas. Nem assim perderam contato. Continuaram se encontrando pelo menos uma vez por semana para jogar conversa fora. Algum tempo depois, Evandro foi morar com um amigo, em Jacarepaguá, pertinho do apartamento de Paulo.

Era uma casa simples, com três quartos rodeados por varandas, atrás do Cemitério do Pechincha. Havia apenas um armário, tábua de passar roupa, alguns talheres, pouca louça e o tatame em que dormia. Para Evandro, parecia um castelo.

A partir daí, passaram a se encontrar com mais assiduidade. Evandro lembra um sábado ensolarado em que estava sentado na varanda, imaginando que via Paulo chegar. Nos fins de semana ficava assim, sonhando acordado com a chegada do amigo, pensamento que iluminava seu dia. Naquela manhã, por fim, Paulo apareceu. Evandro ficou nervoso, só tinha geleia e bolachas para oferecer. Paulo convidou-o para tomar café num bar próximo. Então, tudo começou.

Ao voltarem para casa, Evandro entrou no quarto para pegar uma camiseta e foi surpreendido pela voz de Paulo, que estava na sala: "Evandro, acho que estou apaixonado, tenho muita vontade de fazer sexo com você." Lembra que sentiu um calafrio. Voltou para a sala, sentou ao lado de Paulo e passaram horas conversando sobre tudo o que sentiram um pelo outro desde o primeiro instante em que se conheceram.

Evandro falou sobre todos os orgasmos que teve pensando nele, dos fins de semana sofridos pela sua ausência, da vontade de que tocasse a sua mão na primeira vez em que comeram na pensão.

Depois, de repente, levantou, entrou no quarto e Paulo foi atrás. Só saíram à noite: "Não existiam fome, sede, nada além de nós. Ficamos abraçados e fui tocando o Paulo com todo o carinho. Era como se eu tivesse chegado em casa, cansado, depois de uma longa viagem. Então senti que aquele era o meu lugar. Desde aquele dia, uma luz se acendeu na minha vida e nunca mais se apagou."

A partir desse primeiro encontro, decidiram morar juntos na casa de Paulo. Um belo dia, Evandro foi surpreendido. O companheiro pediu que saísse de casa por uns dias porque parentes de outro estado iriam se hospedar com ele. Paulo não queria que os vissem juntos. Sentindo-se a pessoa mais rejeitada do mundo, na mesma hora Evandro colocou todas as coisas numa bolsa e foi embora.

Constrangido com a reação do companheiro, Paulo pediu desculpas e disse que em breve iria procurá-lo.

"Saí dali desnorteado, com raiva. Peguei um ônibus e fui para a casa de uma irmã que morava no Flamengo. Chorei a viagem toda, não queria conviver com esse tipo de preconceito. Se amava tanto Paulo, se o sentimento era tão maravilhoso, não podia conviver com aquela rejeição. Foi minha primeira prova de fogo", relata.

Evandro jurou que não voltaria para aquela casa. A paixão era tão intensa que escolheu o último banco do transporte e passou a viagem a olhar pelo vidro traseiro, na esperança de que o companheiro, arrependido, o seguisse em seu fusquinha. O trocador, vendo-o chorar, perguntou se estava passando mal, se precisava de ajuda. Só passou pela roleta no ponto final, porque não tinha perdido a esperança de que Paulo o seguisse.

Ao chegar à casa da irmã, Evandro estava angustiado. Era como se tivesse saído de um conto de fadas romântico e caído na realidade.

"A partir daquele momento, eu teria que dividir a vida com minha irmã. Ela morava num daqueles apartamentos antigos, sem olho mágico, com janelinha de vidro. Quando toquei a campainha, quem abriu a janela? Paulo. Senti um calafrio percorrer meu corpo. Ele tinha chegado antes de mim, dado uma desculpa esfarrapada para minha irmã por estar lá sozinho. Ele me olhou e disse: 'Evandro, amo você, quero viver a vida inteira ao seu lado, juro que nunca mais vamos ficar longe um do outro.' E foi falando, falando. Quanto mais falava, mais me sentia em estado de graça."

Naquele dia, Evandro tinha conseguido a prova que faltava para investir sem medo na relação.

"Era o que eu precisava para concluir que Paulo era o amor da minha vida. Eu tive tudo isso, a vida me deu tudo isso, e com um homem", lembra o artista, que tem 55 anos e por 15 fez análise para vencer o preconceito.

A vida de casado foi igual a tantas outras vidas de casado. Brigavam pouco. Se Evandro levantava a voz, Paulo diminuía o tom. Era o casal que organizava os almoços familiares na mesa de ferro com tampo de cristal, que Evandro conserva até hoje.

"Éramos o centro das nossas famílias. Tudo velado, ninguém falava nada, ainda que soubessem que éramos um casal. Tivemos uma vida normal, mas só depois de dez anos começamos a fazer amizade com outros casais homossexuais. Não frequentávamos guetos, boates gays, nem escolhíamos amigos pelo sexo. Quando conheci uma boate gay, achei que aquilo era um antro de prostituição. Não fui educado assim. Criamos uma vida igual à do meu pai e da minha mãe", explica.

Em sua casa bucólica à margem da BR-040, mais precisamente no quilômetro 65, pertinho de Itaipava, onde também funciona seu ateliê, Evandro lembra os 26 anos, 8 meses, 28 dias, 6 horas e meia de convivência com o companheiro, o arquiteto carioca

Paulo Cesar Pietsch, seu primeiro e único amor, que morreu em novembro de 2002.

Foi uma vida de muita cumplicidade. Paulo corria todos os riscos por Evandro e vice-versa. Por ser uma relação transparente, todos os imóveis eram comprados em nome do casal.

Por algum tempo eles tiveram sonhos diferentes. Paulo ansiava por morar no campo, com medo da violência do Rio. Evandro não pensava em realizar o desejo do companheiro: "Eu era uma pessoa urbana. Ele, não. Paulo enxergava lá na frente. Em 1998, tínhamos fechado nossa confecção e ele insistiu em morar no campo. Aquilo gerou um atrito entre nós durante algumas semanas. E como já tínhamos dinheiro suficiente, ele tentava mostrar que lá podíamos ter uma vida melhor. Paulo era uma pessoa muito simples, era o grande anjo, o cara que tem o pulo do gato. Tem uma cena que nunca vou esquecer. Ele me pediu para sentar no sofá e disse que gostaria de conversar comigo. Então olhou para mim e falou com delicadeza: 'Evandro, eu me sinto completamente incapaz de lidar com a realidade dessa vida, é isso que eu tenho de mais honesto para te dizer.' Na verdade, o que estava me dizendo é que tinha toda a sabedoria da humanidade, era a sabedoria de um mestre, de um Deus, de Jesus, de todas as religiões juntas. Aquela frase foi como um raio que caiu dentro de mim. Nessa hora me senti salvo. Já estávamos juntos havia 21 anos e naquele momento revi toda a nossa vida como um filme. A partir daí o casamento entrou em outra fase, a melhor de todas."

Evandro decidiu então que tinha amor suficiente para dar esse prazer ao companheiro e mudar o estilo de vida: "O compromisso amoroso é eterno, não acaba nunca. Mas a melhor fase foi a da ternura que sentimos um pelo outro. E assim fomos morar em Itaipava. Decidimos que não iríamos mais sofrer, reclamar do governo, do custo de vida, que iríamos apenas ser felizes. Tivemos casas, cachorros, empregadas, festas, afilhados, fomos padrinhos, viajamos. E passei a conhecer Beethoven. Quando fazíamos amor, Paulo sempre dizia: 'Evandro, para ser feliz, eu preciso de você e de Beethoven'. Sentia que necessitava daquele corpo para me abastecer, parecia que o conhecia havia séculos. Com ele aprendi que o amor transcende o tempo."

Até que um dia Paulo saiu do banheiro muito pálido, deixando atrás de si um rastro de sangue. Uma verdadeira via-crúcis teve início por conta de um carcinoma.

Evandro cuidou do companheiro 24 horas por dia. Superou seu pavor de ver sangue, o horror ao saquinho de colostomia e não deixou Paulo sozinho nem um dia sequer: "A gente pensa que só morre alguém da rua ao lado ou um vizinho, mas todo mundo sabia que ele morreria diante do quadro que se agravava com a depressão. No entanto, me agarrei tanto àquele amor, que não conseguia enxergar mais nada. Eu percebia que Paulo não estava reagindo. A cabeça te salva ou te destrói depois do diagnóstico de câncer."

Mesmo com todos os cuidados, o companheiro foi se deprimindo, deprimindo, até que numa noite o sofrimento foi demais. Um certo dia, um ano e meio depois, Evandro foi chamado ao hospital. O estado de Paulo era gravíssimo. Quando entrou, ele estava todo monitorado. Falava com voz rouca, muito fraquinha, e perguntou: "Você está bem? A nossa casa está direitinha?" Evandro respondeu: "Está sim, está tudo em paz." Paulo então sussurrou, com a voz fraquinha: "Evandro, vou te amar a vida inteira." O parceiro não conseguiu dizer mais nada além de "Eu também, Paulo".

Foi a última vez que se falaram.

Em maio de 2003 Evandro entrou com processo na Justiça, solicitando pensão ao INSS. Por sete anos enfrentou uma verdadeira batalha, tendo inclusive se submetido à humilhação de mostrar todo o prontuário médico da doença do companheiro. Finalmente, em maio de 2010, ganhou a causa. Passou a receber um salário mínimo mensal. Trata-se da primeira pensão concedida por morte de pessoa do mesmo sexo em processo administrativo aprovado pelo INSS em todo o Brasil.

"Não preciso desse salário para viver, preciso dele apenas para mostrar que esse amor existiu e foi reconhecido", conclui.

3

Encontros e despedidas

CARLA RAMIREZ E CINTHIA BERMAN

Uma rua na Lapa, casas escondidas, quase uma vila. Vento suave, uma tarde de sábado, silêncio acompanhado pelo discreto som de seda de um violino. É nesse clima que a venezuelana Carla Ramirez, 37 anos, violinista, e a argentina Cinthia Berman, 37 anos, produtora cultural, brincam com o pequeno Ilan, atento a tudo, mesmo com apenas 4 meses.

Para "fazer" o bebê, Cinthia e Carla trilharam um longo caminho. Tudo começou há mais de 11 anos, ao se conhecerem em um evento da Orquestra Mercosul. Assim que o compromisso de trabalho acabou, cada uma foi para seu canto, mas a semente de um grande amor já estava lançada.

Elas trocaram e-mails por um ano e depois se encontraram novamente, quando Cinthia convidou Carla para passar o Carnaval no Rio, em 2000. Dormiram na mesma cama, sem se tocar, um envolvimento quase juvenil. Na época, Carla mantinha um relacionamento com duas mulheres e Cinthia morava com um homem.

As duas discutem sobre quem tomou a iniciativa de "chegar junto". Carla diz que foi ela, mas Cinthia confessa, entre risos, que armou tudo. O futuro casal ainda tinha muita coisa para resolver. Carla, além de estar envolvida com outras pessoas, havia acabado de se mudar para os Estados Unidos a fim de estudar música numa universidade. E, como o violino é parte fundamental da sua vida, não pretendia abrir mão do curso.

Cinthia tinha uma passagem que poderia usar, e decidiu seguir a violinista. Quando ela chegou, Carla soube que teria problemas: "Senti que precisaria tomar uma decisão. Acabei terminando meu relacionamento de oito anos. Na verdade, com seis anos a gente já tinha problemas. Por isso entrou a terceira mulher na história. Cinthia me pressionou e terminei por telefone, o que foi muito difícil."

Já decididas a ficar juntas (Carla também terminou o namoro, que não acreditava mesmo que fosse durar), firmaram um compromisso inusitado: "Fizemos um contrato de casamento na bunda uma da outra, tiramos até foto", lembram, rindo.

Tinha início um amor via ponte aérea, sofrido para ambas. Foram em frente, mesmo sem saber no que ia dar. Todo o dinheiro que ganhavam era destinado às viagens e ao pagamento das contas de telefone. Foi assim até Carla terminar a universidade. Contas feitas, para bancar o relacionamento a distância por três anos gastaram mais de 25 mil dólares. Não sobrava dinheiro para nada. Subiam Santa Teresa penduradas no bonde. Hoje acreditam que, não fosse tão grande o amor, não teriam aguentado.

Logo que o curso terminou, Carla foi morar com Cinthia na casa da Lapa, a mesma de hoje, com outra cara. A mudança não foi fácil. Carla saíra da Venezuela para estudar nos Estados Unidos e até então só conhecia o Brasil do Carnaval, da cerveja e de algumas viagens a trabalho.

"Hoje gosto muito do Rio. No começo foi complicado, sofri", conta ela.

Para Cinthia, ter pulado a etapa do namoro não foi bom: "Ou

a gente estava junto ou não estava. Houve uma hora em que parei para pensar se era aquilo mesmo que queria."

Carla também faz ressalvas: "Ela se sentia atraída por um ex-namorado. Às vezes falava que queria ter relacionamentos com homens sem que eu interviesse. Isso era bastante estranho para mim, porque nosso relacionamento não era aberto."

Cinthia ressalta que poderia ter uma forma heterossexual de se relacionar com os homens, uma maneira ambígua. Na prática, era só amizade: "Juntou tudo isso e nossa relação começou a descer ladeira abaixo."

Foi assim que o casal rompeu, depois de mais de cinco anos. Carla saiu de casa e decidiu procurar um apartamento. Na verdade, havia um problema mal resolvido em relação à casa. Os pais de Cinthia ajudaram a comprar o imóvel na Lapa, numa época em que Carla pagava quase todas as contas. Como acontece em brigas, Cinthia afirmou que a casa era dela, o que deixou Carla magoada.

"Respondi que ela podia ficar com a casa. Depois que a gente terminou, juntei os cacos e refiz minha vida. Com a ajuda da terapia, me recuperei, percebi que era muito dependente dela. Tinha um ciúme exagerado, não me valorizava. Estava curtindo, pela primeira vez, uma vida de solteira", explica Carla.

No dia em que ela ia assinar o contrato de aluguel de um imóvel, Cinthia a procurou, chorando, pedindo para voltar. A decisão já estava tomada: Carla deixou a ex-companheira chorando e foi embora.

O destino se encarregou de aproximá-las mais uma vez. Elas continuavam morando perto e volta e meia ainda saíam juntas. Quando se deram conta, estavam namorando pela primeira vez, cada uma na própria casa, com seu espaço e a possibilidade de fazer escolhas. Na prática, dormiam juntas todas as noites. Mas Carla ainda passou algum tempo sem frequentar a casa na Lapa.

"Ficava triste ao lembrar algumas coisas do passado. Ainda fico", diz com a voz embargada e os olhos cheios d'água.

Depois de três anos de namoro, Carla decidiu fazer mestrado em música nos Estados Unidos, apesar dos protestos de Cinthia, que chorava só de pensar na possibilidade de se separarem de novo. Carla então arrumou uma maneira de fazer o curso por semestres, no período de férias no Brasil. Assim, ou vinha ao país ou Cinthia ia aos Estados Unidos.

Nessa época, Cinthia fez uma proposta que Carla não pôde recusar. "Ela armou tudo! Disse que tinha um jantar na casa de uma amiga e me mostrou o projeto de reforma da casa! No pacote também vinha a ideia de um bebê!" Carla voltou, então, para a casa da Lapa.

A violinista descobriu que gostava de mulheres aos 6 anos de idade, em meio a um processo doloroso. Lembra que se sentiu no inferno: "Na cabeça de uma criança, se ela gosta de mulher, só pode ser homem. Hoje ainda vivo conflitos. Na infância foi pior. Compartilhava meus sentimentos com minha irmã, que também é gay. Ainda sem seios, eu me fazia passar por menino só para ficar com as garotas. Aos 13 anos, fiquei com uma mulher e um homem, ambos mais velhos. Eles só brincaram comigo. Foi com eles que tive minha primeira relação sexual. Lembro que, com o homem, o encontro foi mais direto. Já com ela teve mais magia, troca de olhares..."

A mãe de Carla descobriu que a filha era lésbica por meio do filho caçula. Ela estava transando com uma namorada, o irmão viu e contou tudo. A mãe ficou aborrecida porque Carla devia estar cuidando do irmão, não namorando. A violinista já tinha um tio gay, que sofrera com homofobia em casa, e sua mãe fora justamente a cúmplice dele: "Minha mãe só reclamava se eu ficasse com gente bem mais velha, pois sabia que poderia não ser bom para mim. Já para meu pai, era mais fácil eu ser gay. Ele tinha ciúme dos homens, e relaxava se eu estava com mulheres."

A família aceitou bem, mas ninguém falava de forma aberta sobre o assunto. Sua irmã também se casou com uma mulher. Carla vivia normalmente uma vida gay, frequentando os guetos e bares. Depois que foi para os Estados Unidos, sentiu-se mais livre.

Por sua vez, Cinthia habitou o mundo hétero a maior parte da vida. "Descobri tudo com a Carla." Cinthia tinha amigas gays e sabia alguma coisa na teoria, mas nunca havia frequentado ambientes GLS. Ela esteve casada por três anos com um homem até conhecer a parceira. Mesmo assim, fazia questão de não esconder sua orientação. A mãe ficou surpresa. Em uma viagem de família, numa hora de confissões, contou para os outros parentes. Eles levaram um tempo para se acostumar com a ideia.

Uma das diferenças em relação a suas experiências anteriores foi a intimidade que rolou depois da primeira vez: "Fomos tomar banho juntas e achei aquilo esquisito. Não é algo que acontece entre um homem e uma mulher que só se encontram de vez em quando."

Carla sorri e revela que a companheira fazia o tipo mulher fatal, dizendo que não queria se envolver. "Ensaboei o corpo dela. Ficou tão assustada que saiu correndo. Acho que numa relação hétero as pessoas têm mais reservas, medo de serem carinhosas e o outro achar que já é compromisso."

Com a chegada do bebê, Carla passou a se preocupar mais com os direitos civis para gays e lésbicas. Durante bastante tempo, seu pensamento havia sido: "Não me importo." Mas agora não são apenas elas: "Infelizmente, ainda está tudo muito confuso no Brasil. Dilma recuou, mas nutro a esperança de que ela tenha atitudes como a da presidente Kirchner."

Cinthia reclama do desamparo legal: "São muitas as pessoas desprotegidas pela lei. Tivemos que gastar uma grana para ter o Ilan, porque o serviço público não atende gays. Para registrá-lo com nossos nomes, foi outra fortuna. É injustiça, parece que somos cidadãs inferiores."

No que diz respeito ao preconceito contra gays e lésbicas, ambas assumem posturas diferentes. Cinthia prefere não brigar. Acha que bater boca com gente na rua não leva a nada: "Se for para manter um diálogo, tudo bem. Mas procuro não me alterar. Felizmente, trabalhamos com eventos culturais, em territórios mais tranquilos."

Já Carla enfrenta sempre que pode: "Outro dia estávamos num restaurante e nos chamaram de 'sapatão.'" Se for mulher, encaro. Se for homem, tenho medo de violência física."

Ilan ressona tranquilo no colo. Na visão das duas, o filho é a melhor história que têm para contar. A ideia de uma criança tinha surgido antes. Cinthia achava que ainda era cedo. Aos poucos, o desejo foi tomando forma. A partir do momento em que assumiram a decisão, tudo aconteceu depressa. O casal procurou uma clínica de reprodução e optou por banco de sêmen americano. Nos Estados Unidos é possível escolher as características do doador. Elas queriam alguém parecido com ambas, que tivesse um pouco de cada uma. Acabaram se divertindo com o processo de escolha.

Cinthia contou por telefone que a inseminação artificial tinha dado certo (na segunda tentativa). Carla só pensava em voltar correndo para o Brasil, o que aconteceu tão logo concluiu o mestrado.

A gravidez foi tranquila, apesar de Ilan ter nascido com oito meses de gestação. Cinthia nem acreditou quando o médico lhe disse que ela estava em trabalho de parto.

Ilan, que significa "árvore" em hebraico, tem a pele branquinha, o cabelo escuro (de Carla) e os olhos claros (de Cinthia). Às vezes bota o bracinho atrás da cabeça, cheio de charme. E já sabe a respeito de sua origem. "Nós conversamos com ele, cantamos, dizemos que ele tem muita sorte, porque não é todo mundo que tem duas mães", brinca Carla.

As duas até brigam para ver quem fica mais tempo com ele no colo ou para decidir que roupa devem colocar.

O casal relembra o passado e faz planos para o futuro. Agora é Carla quem pensa em fazer a inseminação artificial.

Ilan sorri suavemente enquanto dorme, talvez feliz com a ideia de ter um irmãozinho.

4

Preconceito é coisa hedionda

ANDRE FISCHER

O jornalista e empresário carioca Andre Fischer, 45 anos, reconhecido pela atuação na cena gay brasileira, é um ferrenho lutador contra o preconceito. Em seu blog, no site Mix Brasil, mais antigo portal gay do país, as batalhas são diárias. Apesar do grande número de acessos ao site, Fischer afirma que tudo é mais difícil por se tratar de temática gay. Vê progressos, mas ainda existe muita caretice que não se consegue ultrapassar. "Temos bastante dificuldade para conseguir anunciantes. Tem gente que nem procuro mais. Dizem que não vão anunciar porque não querem se indispor com a parcela mais conservadora. Só que o conservador não lê a revista. Acho que isso é desculpa de quem tem preconceito. Mantive coluna na *Folha de S.Paulo* por dez anos, chamada GLS. Às vezes, pediam para eu pegar leve porque estava gay demais. Aqui no Brasil tem uma caretice, um medo de mudança!"

Todos os domingos, às 22h, Fischer pilota o programa *CBN Mix Brasil*. Ele descobriu a própria homossexualidade já na vida adulta. A terapia – à qual recorreu escondido dos pais – ajudou a entender o que acontecia com seu desejo.

Tudo começou quando se deu conta de que sua relação com as

mulheres não ia muito bem. Sentia atração por homens, mas não aceitava. Deixava a namorada em casa e dava voltas na frente da boate Papagaio, na Lagoa, sem coragem de entrar. Tudo ainda no terreno da fantasia. Só mais tarde, depois que começou a se relacionar com homens, percebeu que era diferente da transa com mulheres.

Felizmente, nunca houve bloqueio familiar. Andre Fischer acredita que, como o pai é publicitário e a mãe, jornalista, eles têm uma visão mais aberta. Mesmo assim, ficou surpreso com a reação da mãe. "Quando contei, ela disse: 'Que ótimo!' Duas semanas depois, veio me dizer que não era tão ótimo assim e que havia falado aquilo porque achou que era o que tinha que falar como pessoa moderna. Depois fez aquele discurso sobre ter cuidado. Eu morava em São Paulo e meu namorado veio conhecer minha família. Minha mãe contou para meu pai, que não é de falar muito, mas nos deu de presente um final de semana em Búzios. Foi o sinal de aceitação dele."

O empresário está no terceiro casamento. Em janeiro de 2001, acompanhado de amigos, foi vítima de ataque homofóbico no Centro Cultural Banco do Brasil do Rio, espaço que costuma abrigar todas as tribos. Registrou a história em seu blog: "Uma mulher que estava na nossa frente na fila começou a pedir que nos afastássemos com um tom absolutamente agressivo. Respondemos apenas 'calma'. A partir daí, ela disparou agressões como 'suas bichas escrotas, eu sei que vocês são veados, saiam de perto de mim', crescendo o tom e passando a gritar sem parar, parecia uma pessoa possuída. Fui instruído pelos seguranças a ligar para o 190. Avisei que estava chamando a polícia e que não a deixaríamos sair enquanto a viatura não chegasse. Ela continuou aos berros: 'Eu não gosto de veado mesmo. E aquela garota só pode ser lésbica também, para andar com veados.' Em silêncio, algumas pessoas mostravam reprovação, inclusive uma senhora fez uma negativa para ela. A sensação de humilhação só não foi maior porque agimos. Uma segurança negra disse que deveríamos deixar de lado para não perdermos o domingo. Perguntei: 'Se a chamassem de preta escrota só por estar atrás de alguém na fila, você deixaria pra lá?' Ela concordou."

A agressora escapou da vigilância do grupo, mas Fischer e os amigos conseguiram uma foto da moça e puseram o assunto na mídia. Em seis horas, descobriram quem era. A família entrou em contato, disse que ela tinha problemas mentais e que já estava sendo processada por agressão a idosos. Andre ficou com pena, "mas ser maluco não é atenuante para ser preconceituoso. No final das contas, boa parte das pessoas que apresenta esse comportamento tem algum problema mesmo, o que não as exime de culpa".

O ataque no CCBB foi o primeiro de uma vida marcada pelo preconceito velado. Uma viagem aos Estados Unidos foi fundamental para que ele mergulhasse de cabeça no novo mundo: "Em Nova York, lida-se com a homossexualidade de outra forma. Lá é uma 'bolhazona' gigante de tolerância. No dia a dia, você não terá problema com seu porteiro. Vai existir preconceito, no entanto é mais fácil ser gay por lá, não te impede de fazer coisas. Meu desejo foi trazer aquilo pra cá. Começamos a fazer o festival de cinema antes de ter grupo gay, parada gay... Acho que influenciamos um pouco o movimento aqui no Brasil. Quando a cena gay no país ressurgiu, era já como um produto cultural."

Além do site Mix Brasil, Andre está à frente da *Revista Júnior* e do Festival de Cinema Mix Brasil. Também é autor de vários livros, entre os quais *Como o mundo virou gay?* e *Sozinho na Cozinha*.

Apesar disso, acredita que em termos políticos a causa não evoluiu no Brasil. "Ganhamos visibilidade, mas a lei ainda não mudou. Quando comecei a trabalhar com isso, há 18 anos, a gente andava na rua e não via pessoas abertamente homossexuais. Hoje, gays e lésbicas sentem que podem se mostrar. Existe um consenso de que não é legal bater em gay. Nos últimos tempos, agressões homofóbicas são tratadas como deveriam: não são correções, são agressões a alguém que é gay. A visibilidade é que está demorando a ser traduzida em direitos. Já somos presentes na sociedade, não é mais aquela coisa escondida, *underground*. Só quando tivermos direitos é que nos sentiremos de fato protegidos, quando alguém não puder ser demitido por ser gay, assim como não pode ser demitido por ser gordo. Até hoje, não tem lei nesse sentido. Sem isso, o gay fica dependendo da interpretação do juiz. A maioria vive escondendo que é gay no trabalho para manter o emprego. Enquanto não houver lei, isso não mudará. E, mesmo com a lei, não vai mudar de um dia para outro."

A atuação dos políticos ainda deixa muito a desejar: "São poucos os que falam sobre o assunto. Brasília tem uma frente parlamentar de senadores e deputados que defendem o PL 122 (que criminaliza a homofobia), mas fui lá conversar com eles e muitos nem sabiam o que tinham assinado. Na verdade, existem dois ou três. Agora tem a Marta Suplicy, que está no Senado e desarquivou o Projeto de Lei. Mas são poucos os deputados atuantes."

Fischer acredita que há um "mito da bancada evangélica", numerosa e articulada no Congresso, e que seria a grande opositora de avanços sociais: "Quando o Projeto de Lei foi desarquivado, alguns disseram que deveria haver também uma lei para proibir o preconceito contra evangélicos. Isso já tem! Você não pode ter preconceito religioso. Eles levantaram essa questão bíblica de interpretação de textos sagrados, nos quais ser gay é abominação, uma doença. Mas isso não está escrito em lugar nenhum, é só mais uma interpretação. Pela Bíblia é tão pecado ser gay quanto fazer sexo no domingo! E todo mundo transa no domingo. As lideranças evangélicas resolveram fazer uma cruzada contra os direitos da população LGBT. No Congresso há um embate entre eles e os progressistas. É desleal, porque os ditos progressistas não têm comprometimento tão grande com a causa. Ao contrário dos evangélicos, cujo comprometimento é verdadeiro e que estão ali querendo barrar o avanço do processo."

Algumas lideranças evangélicas afirmam que o PL 122 representa, para os religiosos, uma mordaça gay, que os impediria de emitir opiniões contra os homossexuais.

"Eles não podem falar, mesmo! Emitir opiniões homofóbicas, preconceito, é uma coisa hedionda. Por que ninguém defende o direito de opinião de racistas? Porque já existe consenso contra. Acho que tem muita gente preconceituosa que não se expressa e se apoia nessa minoria ruidosa para justificar os próprios problemas. Por que Zapatero, no primeiro mês no poder, aprovou o casamento gay na Espanha? Porque sabia que era uma questão emblemática de defesa dos direitos humanos. Foi o que aconteceu na Argentina. Não é que a Cristina Kirchner seja ultrassimpatizante. Ela quis levantar a bandeira para dizer: 'Aqui os direitos são respeitados.' Quanto mais avançados a sociedade e o país, mais os gays são inseridos. Garantir o direito de quem é homofóbico é loucura!", indigna-se.

Fischer tem poucas expectativas em relação à mobilização dos gays no Brasil para conquistar direitos civis: "O universo gay brasileiro não se mobiliza para nada. Na verdade, brasileiro não se mobiliza para nada. Temos um movimento gay que se profissionalizou. Mas como não temos comunidade articulada, ele precisou buscar recursos financeiros no Estado. Aí, o movimento tem uma série de compromissos com o Estado e poucas são as chances de bater de frente com o governo. Toda vez que a gente pergunta por que eles não vão fazer uma manifestação no lugar tal, dizem que não podem, que o governo é aliado. Ninguém sabe quem são as lideranças. A parada gay não é movimento político, é carnaval. É bom só pela visibilidade. Temos uma militância morna, que faz um trabalho importante no Congresso, mas a gente sabe que de lá não sai nada. Em quase todos os países nos quais as conquistas avançaram foi com o suporte do Executivo, porque o Legislativo tem dificuldade. Se o fim da discriminação do Exército Americano aconteceu, foi por interferência do presidente Obama. Acho que daqui a 30 anos, vamos ficar horrorizados com o tratamento que era dado a gays e lésbicas."

5

Pais da adoção homossexual

ANDRÉ LUIZ E CARLOS ALBERTO

Quando alguém grita "Pai!" num certo apartamento do Engenho Novo, é bem provável que duas vozes graves respondam ao mesmo tempo. Essa e outras confusões de gênero são naturais para Vanessa e Valesca, 6 e 8 anos. Casados há cinco anos, André Luiz de Souza, 36, e Carlos Alberto Marques de Oliveira, 58, moram num prédio residencial de clima familiar na Zona Norte carioca. A chegada das meninas os fez ainda mais caseiros. Durante o dia, André, técnico de alimentos, dá expediente como professor de panificação no Senai. Carlos, mais livre desde a aposentadoria do Banco do Brasil, só desgruda das filhas adotivas à tarde, quando elas vão à escola, ou quando comparece às aulas de ikebana, parte das atividades da Igreja Messiânica que frequenta.

Desde agosto de 2009, as meninas são educadas nesse lar de dois pais e nenhuma mãe. A família pode até ser incomum num país de maioria católica, em que a adoção por casais gays ainda é vista com resistência. Mesmo assim, é o ambiente mais equilibrado – e, em muitos sentidos, tradicional – que essas crianças já conheceram.

Valesca e Vanessa foram deixadas com mais três irmãos num abrigo. A dificuldade previsível de um casal que adotasse todos os separou por idades: uma menina de 9 anos e seu irmão de 13, as filhas de Carlos e André no meio e, por último, um bebê de 2, ao menos em tese mais cobiçado por pais adotivos.

Pelo histórico familiar de violência, as crianças já tinham recebido a Destituição de Poder Familiar (DPF), instrumento necessário para entrar na fila de espera por um lar. Elas carregavam um passado que deixou marcas psicológicas e físicas, com grave quadro de desnutrição e deficiências cognitivas decorrentes do que haviam sofrido. Apesar da diferença de idade, as duas estão na mesma turma no colégio, no Jardim 3.

"Elas têm história de violência doméstica e de abuso sexual. Procuramos não tocar nesse tema, mas não impedimos que falem sobre isso." André diz que se depara com desafios maiores do que simplesmente disciplinar as filhas.

Os abusos abalaram a autoestima das meninas. É André quem se ocupa de mimá-las como pode. Elas passaram a usar sandálias, calças mais justas e a ostentar cabelos tratados. Uma das primeiras providências do casal foi furar as orelhas das duas. "Vanessa se achava feia. O padrão dela era a Barbie: loura, cabelo liso. Aqui não entra boneca assim. Elas são negras, têm bonecas negras."

As duas começaram a praticar balé, natação e capoeira, além de comer melhor. Na merenda, sempre levam frutas. Tantos paparicos não significam disciplina frouxa. Os horários são regrados e as normas, claras: "Quando a gente pensa no que já enfrentaram, a tendência é passar a mão na cabeça, deixar fazer tudo. Também seria um erro. São os limites que estabelecem a segurança."

Quem vê o desfecho feliz dessa história não imagina as voltas que Carlos e André deram até conquistar a aceitação – própria e dos parentes – para bater no peito e bancar uma família gay.

Fruto de ascendência portuguesa conservadora, Carlos Alberto começou a vida de casado cedo, aos 25 anos, com uma mulher. Já sentia atração por homens, mas achou que podia reprimir o "desvio". Tomou o caminho que esperavam dele. Por algum tempo, a porta do armário ficou bem trancada. O casamento durou oito anos. Carlos é pai de outras duas meninas. Quando tinham 6 e 8 anos, Carlos pediu a separação, pois seu desejo por homens começou a ficar insustentável. Ele morria de medo das consequências e, de fato, a atitude gerou imenso rancor.

Seu grande medo era de que as filhas sentissem raiva dele. Assim, mesmo com a pouca idade das meninas, optou por abrir o jogo. Reuniu toda a família e informou que se separava porque era gay. A mulher, como retaliação, prometeu que ele não voltaria a ver as filhas. A ameaça não se concretizou. Com o tempo e a constância das visitas nos fins de semana, a reaproximação abreviou as diferenças: "Era difícil para elas entender o que se passava. Aos poucos absorveram o que podiam da situação. E nossa intimidade tornou as coisas mais naturais."

O pai gostava de conversar, aconselhar sobre os namoros, participar de perto. Muitas vezes assumiu o papel de mãe. As filhas têm agora 29 e 32 anos.

Carlos saiu da casa da família, em Maria da Graça, e se mudou para um apartamento alugado. Não tardou para que embarcasse noutro casamento longo, dessa vez com um homem. Permaneceram juntos por 14 anos.

O casamento foi bem diferente do enlace com André. Era muito tumultuado, com traição... O ex-companheiro era portador de HIV e nunca quis se tratar. Enfraqueceu e morreu de doenças que outra pessoa tiraria de letra. Na época, não sonhava adotar uma criança.

O par atual se conheceu no restaurante do Banco do Brasil, no centro do Rio, para onde Carlos voltara depois de aposentado a fim de reencontrar amigos. Os dois iniciaram uma conversa descompromissada seguida de telefonemas, sem indicação de que a relação pudesse deslanchar. Carlos vinha de um relacionamento longo e André morava fora do Rio, em Vassouras.

André entrega logo o culpado pela demora: "Depois da conversa, Carlos pegou meu telefone e a gente se falou. Mas ele tinha alguém no Rio, ficou me enrolando..."

O namoro se desenhou a distância. André viajava para o Rio às sextas-feiras, permanecia durante o fim de semana e só então retornava para o município de 35 mil habitantes, a cerca de 120 quilômetros da capital. Muito rapidamente isso se tornou um problema. Os dois já se sentiam prontos para casar, mas André não queria se mudar enquanto não arrumasse um emprego no Rio. Por fim, conseguiu a transferência e foi morar no Engenho Novo, com direito ao documento oficial de união.

No início, Carlos não tinha ideia de adotar porque já era pai. Mas André também era muito paternal, gostava de cuidar das sobrinhas. Com uma relação calma, de confiança, acharam que era a hora.

A harmonia salta aos olhos. Apesar das diferenças. Carlos é branco, 22 anos mais velho que o companheiro, mais falante e com a tranquilidade de um pai de família experiente. André é negro, um pouco mais acanhado, do interior, cheio de energia e curiosidade para investir na criação das primeiras filhas.

Ainda que a intenção fosse adotar uma só criança, o enredo tomou outro curso quando eles passaram a frequentar grupos de adoção em busca de aconselhamento jurídico e assistentes sociais. Como hoje muitos deles encorajam a adoção por casais homossexuais, há assistentes sociais especializados nesse tipo de família. Assim, passaram pelos mesmos trâmites de um casal formado por homem e mulher.

Foi então que o inesperado aconteceu. Se acreditassem em destino, poderiam atribuir a chegada das duas irmãs a uma mãozinha lá do céu. Quando se preparavam para ir aos abrigos, a representante de uma ONG de Niterói sugeriu que visitassem duas irmãs: "Fomos conhecê-las por educação e consideração à moça da organização. Acontece que já saímos chorando da primeira visita", lembra Carlos.

André mal conseguia deixar as meninas no abrigo depois de cada encontro. "Era um agarramento. Elas começaram a nos chamar de 'tio' e logo tínhamos virado 'pais'. Fomos nos envolvendo com o sofrimento delas."

As visitas se repetiram três vezes por semana, durante um mês, com acompanhamento de psicólogos e da equipe do abrigo. Depois fizeram uma petição para passar o fim de semana com as meninas em casa. Não demorou para conquistarem o direito de que elas ficassem de vez. E com dois pais legais em vez de um: na carteira de identidade delas aparecem os nomes dos parceiros. Da intenção de adotar até a chegada delas à casa, não se passou um ano.

No caso de Carlos e André, o primeiro passo foi obter habilitações para adoção em separado. O processo correu sem grandes sobressaltos até a obtenção da guarda conjunta, feito inusitado no país, onde ainda há resistência jurídica para conceder adoção a pessoas do mesmo sexo.

A família de Carlos, André, Valesca e Vanessa não é atípica apenas diante dos velhos modelos. Na esfera da Justiça, ainda é raridade. Em geral, um só parceiro detém o direito. O outro fica sem amparo legal no caso de morte do guardião legítimo. Nesse caso, o filho adotivo pode ser devolvido ao abrigo.

Recentemente, um casal de lésbicas de Bagé, Rio Grande do Sul, conseguiu adotar conjuntamente na Justiça. A ação foi contestada pelo Ministério Público, e a confusão só foi desfeita depois que o Superior Tribunal de Justiça devolveu às duas o título de mães adotivas.

Em lugar de trilhar o caminho mais fácil (e comum) dos casais gays – o de obter a guarda para um dos pais –, Carlos e André conquistaram o direito a adotar de forma compartilhada. Aos olhos da lei, são guardiões das crianças em igualdade de condições.

A conquista surpreendeu a dupla, que não imaginava obter a guarda conjunta e desde então virou porta-voz involuntária do tema em palestras e debates pelo Brasil. Pesou na decisão judicial a estabilidade da relação, comprovada nas visitas de assistentes sociais à casa do casal, que mantém um contrato de união estável há cinco anos.

O caminho para a adoção foi iniciado há dois anos e há um ano a juíza concedeu guarda conjunta. Os processos não são novos, o movimento não começou agora.

"Muitas vezes informações deturpadas desanimam os casais gays. Alguns podem pensar: 'Se tudo é tão difícil, nem vamos tentar.' Quando quis colocar André no meu plano de saúde, percebemos que seria mais fácil com a união estável. Entramos num cartório, explicamos nossa situação e saímos de lá com o documento na mão. Custou R$ 86,00 na época. A adoção por casais gays ainda não é contemplada pela lei, depende do entendimento do juiz. Os que têm a cabeça mais aberta aprovam", afirma Carlos.

Às vezes, as filhas se aproximam para pedir chamego e escutar parte da conversa. Quando fala de algum tema delicado, como a vida pré-adoção das duas, Carlos abaixa o tom de voz. Então, elas dão meia-volta, tímidas. A faceta centrada, careta mesmo, contribui para que André e Carlos sejam bem aceitos na vizinhança e fora dela. Desde que as filhas chegaram, eles têm sido requisitados por grupos de apoio à adoção para contar seu caso de sucesso em palestras. Sentaram inclusive no sofá de Ana Maria Braga para defender os direitos dos homossexuais no *Mais você*. Ganharam elogios da apresentadora.

Carlos afirma que resiste um pouco a ser visto como porta-voz de qualquer movimento: "Por enquanto, acho necessário que a gente conte nossa história. Até para encorajar outras pessoas a fazer o mesmo e dissipar um pouco a ignorância que há sobre o tema."

6

Uma família como (quase) qualquer outra

ANDRÉ RAMOS E BRUNO CHATEAUBRIAND

Sentados na sala envidraçada da casa na Gávea, Zona Sul do Rio, diante das frondosas árvores que abrigam micos e bromélias, cercados de obras de arte, móveis antigos e recordações de viagens, André Ramos e Bruno Chateaubriand são, ao mesmo tempo, uma família estruturada (sim, uma família, conceito mais amplo que o de casal) e dois homens muito bem resolvidos. Depois de 13 anos de convívio, entre namoro e casamento, a meta de ambos agora é adotar duas crianças – de preferência órfãs e irmãs.

"Nossa preocupação é que tenham a segurança e a proteção que um vínculo sanguíneo confere. Nós vivenciamos muito esse ambiente familiar e queremos que nossos filhos também tenham essa sensação", afirma Bruno.

Eles já estão na fase da papelada. Quando procuraram um advogado para tratar de adoção, souberam que havia várias formas. Optaram, então, por entrar na fila de adoção, fazer tudo pela cartilha, sem pressa.

André e Bruno não fazem questão de meninas brancas de olhos azuis e recém-nascidas, tipo de exigência muito comum no Brasil. Ao contrário.

"O ser humano não é uma lata de salsicha, não se pode pegar uma criança como quem pega uma lata no supermercado", exclama Bruno, os olhos brilhantes de expectativa, enquanto degusta o cafezinho trazido pelo mordomo de luvas brancas.

O modo de ser e o foco de André e Bruno, que detestam passeatas gays e se preocupam com questões como os direitos previdenciários e sucessórios dos casais homossexuais no Brasil, talvez causem estranheza a quem se habituou a vê-los apenas como nomes badalados nas colunas sociais.

"Conversando com minha mãe, ela, que é psiquiatra, disse: 'Se vocês racionalizarem, nunca terão filhos. Nenhuma pessoa lúcida tem filhos.' Porque se a pessoa pensa lá na frente, pensa na primeira maconha, no primeiro carro a bater, na namorada... Começa a fantasiar sobre o futuro e não existe futuro perfeito", reflete André.

Se não existe futuro perfeito, existem algumas certezas. Entre elas, a de que o respeito deriva de um conjunto de atitudes. Ele nunca permitiu que sua homossexualidade fosse abordada por terceiros, a não ser quando quis. Sempre acreditou que era preciso se posicionar e dar limites às pessoas.

Ambos continuam a receber convidados com gosto e prazer, atualmente na casa onde André nasceu e passou infância e adolescência. Antes recebiam no apartamento alugado do edifício Chopin, avenida Atlântica, a vista do mar de Copacabana estendendo-se lá embaixo. Os amigos são de todas as idades e classes sociais, alguns homossexuais jovens, aos quais dão conselhos baseados em suas experiências. A maioria, cerca de 90%, é de heterossexuais, inclusive o casal do qual foram padrinhos de casamento (entrando juntos na igreja). Sem se encaixar em estereótipos, trabalhando bastante – André à frente de negócios e investimentos, Bruno hoje colunista da revista *Veja* –, riem ao recordar histórias inventadas pela mídia de fofocas, entre elas a de que já encheram uma piscina de champanhe para festejar uma data importante.

"Imagina desperdiçar assim o néctar dos deuses", brinca Bruno. Também já foi noticiado que enfeitavam os salões com cristais Svarovski. "Deviam ser cristais da rua da Alfândega...", completa.

Desde a infância, os dois ouviram que desejo erótico era algo a ser dirigido ao outro sexo. Até se esforçaram em desejar mulheres. Houve diferenças na maneira de cada um receber e processar a mesma informação num universo onde, diz André, "existe desde a época do colégio um duelo para ver quem tem a caneta mais bonita, o estojinho mais legal, a melhor camisa!".

Ao contrário de Bruno, André jamais foi vítima de *bullying* e assumiu a homossexualidade com menos percalços. Ele é filho único do terceiro casamento do pai, descendente de uma família tradicional de Santa Catarina que teve até presidente da República (Nereu Ramos). Quando ele nasceu, o pai tinha 54 anos. Os irmãos só falaram de homossexualidade com André quando ele permitiu.

Sua mãe, Maria Isabel Correa Costa Ramos, era neta do barão de Tapajós. Sua avó, a paraense Lena, estudou na França, herdou cinco fazendas na ilha de Marajó e veio jovem para o Rio. Num cruzeiro, apaixonou-se por um homem e se casou com ele a bordo. O marido, avô de André, deu-lhe por alguns anos uma vida de glamour, mas dilapidou quase todo o patrimônio. Houve época em que Lena precisou vender produtos da Avon – e com prejuízo, porque as clientes não pagavam. Maria Isabel sustentou a casa. Ela se formou aos 23 anos em medicina e aos 26 já era diretora do importante hospital psiquiátrico Juliano Moreira, no Rio. No fim da vida, a avó morava sozinha numa cobertura em Ipanema transformada em loft. Ali, em torno daquela mulher à frente de seu tempo, todas as vibrações eram positivas.

Apesar do ambiente tradicional, André nunca escutou nenhuma piada relacionada à sexualidade, e não herdou memórias negativas que o fizessem ficar "travado":

"Os pais que têm a oportunidade de conviver com a família sabem os filhos que têm em casa. Podem até tapar o sol com a peneira, mas no fundo sabem. A mãe, principalmente. Aos 2 anos, eu não tinha babá, comia de garfo e faca e já ia com eles aos restaurantes. Estava incluído no ritmo de vida deles."

Já a infância de Bruno foi marcada pela separação litigiosa dos pais, Bruno Weissmann e Maria Neves Chateaubriand Diniz. Ele tinha 7 anos. O pai era filho de um imigrante austríaco que enriqueceu no Brasil, sobrinho do escultor Franz Weissman. Ele precisou ingressar na Justiça para obter a posse e a guarda dos filhos (além de Bruno, Fred, 2 anos mais novo). É impossível esquecer o dia em que um juiz perguntou com quem ele queria ficar. "Com os dois", respondeu o menino.

"A briga envolvia um monte de advogados, dinheiro de um lado, poder e prestígio da família Chateaubriand do outro. Uma coisa apoteótica para uma criança vivenciar. Minha mãe ganhou em todas as instâncias, mas o que o meu pai fazia, no início, nos marcou e traumatizou-a. Ele tinha que nos devolver domingo à noite e não devolvia, ia para um hotel cinco estrelas, polícia atrás, e fugia...", recorda Bruno.

Depois o pai se casou com Tharya, que Bruno considera uma segunda mãe. Foi quem o inscreveu na ginástica olímpica, onde conquistou diversos prêmios. Morando com a mãe e o irmão em companhia dos avós maternos após a separação, ele ouviu da avó, no 7º aniversário, que chegara à idade da consciência e que ela sabia o que ele estava fazendo. Nunca esqueceu a frase.

"Foi o momento marcante da minha vida. Sabia, desde a classe de alfabetização, que havia algo diferente comigo. Outra frase que se destacou foi a de um tio, à mesa de domingo: "Na nossa família não tem ladrão nem veado."

Bruno foi um menino carinhoso, que gostava de brincadeiras tranquilas, "femininas". Quando se divertiam no play, as crianças às vezes lhe pediam para "dar uma reboladinha". Um dia, a avó ouviu. Ordenou que jamais aceitasse e se zangasse com quem fizesse tal pedido.

Um episódio doloroso ocorreu na casa da avó paterna, onde havia um quarto de brinquedos para os netos. Bruno adorava brincar com uma boneca Emília. A avó um dia decretou: "Emília não é brinquedo para menino. A vovó vai guardar e você não vai mais brincar com ela." A boneca sumiu e só lhe restou brincar, desde então, com os detestados Comandos em Ação, He-Man e Thundercats.

A vida escolar de Bruno – Canarinhos, Santo Agostinho e São Paulo, colégios conhecidos da Zona Sul do Rio – foi marcada por aquilo que ele classifica de "o *bullying* mais forte e traumático, ligado à sexualidade". Ser apontado como diferente, desde criança, foi um sofrimento, daquele que produz dores de barriga domingo à noite. O som do *Fantástico* na TV era doloroso, pois indicava a escola no dia seguinte.

Bruno nunca foi de jogos de guerra ou de briga. Não gostava também de festa junina, não queria dançar quadrilha, sentia-se sempre excluído. O pai decidiu então matriculá-lo no judô. Ele detestou. Os colegas empurravam, brincavam de enforcar, batiam na carteira e gritavam "veado". Quando contava para a mãe, ela mandava dar uns tapas neles. Foi uma fase difícil, mas que o fez aprender a ser forte em determinadas situações. Arrumou saídas e foi superando. A ginástica olímpica o salvou: foi paixão, válvula de escape, higiene mental.

"Na ginástica você precisa ter a coragem de se jogar, dar salto mortal, ficar de cabeça para baixo, fazer piruetas. Passei a me sentir muito mais seguro. Fiquei fisicamente mais forte", lembra.

Bruno foi seis vezes campeão brasileiro de ginástica olímpica, campeão sul-americano, representou o Brasil em campeonatos mundiais e ganhou medalhas, inclusive como atleta do Colégio Militar. O ambiente nada aberto para o universo gay o tratou com grande respeito, como atleta de elite. Até a faculdade, além de ser bom aluno, competiu em países como Nova Zelândia, Rússia, Japão, Finlândia e China. Adquiriu uma autonomia inédita e se tornou consciente do próprio valor.

André realizou todos os estudos no tradicional Colégio Padre Antônio Vieira, na época só de meninos. As lembranças são ótimas, e nunca sofreu *bullying* por lá: "Se alguma vez me chamavam de veado ou bicha, aquilo não me afetava diretamente. Também chamavam outros na classe, era uma agressão de menino. Com 8 anos, eu já sentia algo diferente, uma energia sexual diferente, ainda que não definida, em relação a outros meninos. Aos 9, 10 anos, comecei a ter com eles aquela intimidade que há em 90% das amizades entre homens, mesmo que não se tornem homossexuais."

Ele se refere à masturbação num mesmo ambiente compartilhado, a ver filme pornô juntos, a folhear juntos uma revista *Playboy*. Há uma sexualidade nessa intimidade.

Até os 14 anos, imaginava que teria relações com outros homens, mas que seriam esporádicas. Queria casar e ter filhos. Aos 15, o interesse passou a ser a relação sexual. Chegou a se relacionar com uma empregada de casa, uma mulher muito bonita, que desfilava em escola de samba. "Nessa idade, os hormônios estão tão na cabeça que não interessa o bonito ou o feio, o que se quer é gozar. É hormonal, instintivo, animal. Não é um desejo que temos depois de mais velhos", comenta.

André entende que há homossexuais que mentem sobre ter transado com mulheres. Interpreta isso como uma busca de aceitação, de afirmar ao mundo que puderam escolher. Ou um preconceito com a própria história. Não é seu caso.

Bruno também teve namoradas. O primeiro beijo foi numa menina, aos 14 anos: "Comecei a me programar para gostar disso, comprei revistas de mulheres peladas, queria namorar. Passava pela minha cabeça o desejo por um menino, mas pensava que estava errado. Tinha ouvido tanta gente dizer que aquilo estava errado... No ensino médio, namorei várias meninas e até usei aliança de compromisso. Na faculdade fiquei com todas."

André começou a ter relações com homens aos 16 anos, algo imediato, puro prazer. Aos 17, conheceu um rapaz de 21, belo, forte, com toda a aparência de gay. Convidou-o para uma festa em sua casa, sempre aberta e lotada de amigos heterossexuais ("meu quarto tinha cinco beliches"). Aquele foi o primeiro contato dos pais com a realidade de um filho homossexual.

Na hora eles não comentaram nada, mas dois ou três dias depois sua mãe fez uma crítica direta, agressiva, ao garoto. Ela o chamou de veado e André não gostou. Na época, a família tinha um apartamento na Barra onde passava fins de semana. André tinha a chave e, certa vez, foi para lá com esse rapaz, sem que seus pais soubessem. A mãe não parou de telefonar e chegou a ir ao apartamento. A empregada que fazia a limpeza contou que os dois haviam passado a tarde lá.

"Mamãe telefonou para perguntar com quem tinha estado. Desliguei e chamei meu pai. Fiz um jogo, a única vez, porque não sabia lidar com a situação. Contei que ela tinha insinuado isso e aquilo, coloquei um contra o outro para que ele a confrontasse depois e me tirasse da linha de frente. Isso era uma defesa e meu pai caiu direitinho", recorda.

Quando a mãe retornou, o pai a confrontou em sua defesa. Passaram-se dois dias, a mãe o chamou e perguntou: "Você é gay?"

André não confirmou: "Aos 17 anos, é difícil ter a maturidade para se afirmar gay. Minha mãe me perguntou por que me relacionava com o menino, por que tinha ficado amigo dele."

Um dia insistiu tanto que André decidiu ir para a casa da avó. Foi, mas logo voltou. A mãe nunca foi agressiva, porém o fato de se tratar de uma coisa nova, de ter chegado o momento de se confrontar com aquilo, assustou-a. Uns seis meses mais tarde, ela achou uma mochila repleta de revistas de homens pelados. Entregou para o pai. Ao fim do jantar, subiu e o pai chamou André para uma conversa.

"Minha vontade era cuspir e me afogar no cuspe. Muito calmo, sem agressividade nenhuma, ele me entregou as revistas. Era um homem de negócios sempre ativo, mas muito carinhoso comigo. 'Faz o seguinte: pega isto e joga fora. Isto não é para se ter em casa', disse ele. E ponto. No dia seguinte, saindo para ir à cidade, de terno e gravata, falou: 'André, quero te falar que, antes de ser seu pai, sou seu amigo. Estou à disposição para qualquer assunto'", lembra.

André entende que, vindo de um homem mais velho, com uma educação extremamente machista, o recado era a demonstração de que o amor é capaz de superar qualquer barreira. O pai por certo teve de remoer conflitos internos imensos, até porque via o filho com muitas meninas. Mesmo assim, André não tinha capacidade naquele momento para uma conversa como essa.

Alguns meses mais tarde, a amizade havia arrefecido. O pai não sabia disso e insistiu que André convidasse o rapaz para irem juntos à Disneyworld. André desconversou, mas o pai telefonou para a mãe do rapaz. Ofereceu hospedagem se ela pagasse a passagem e lá foram os dois, de classe econômica, para a Flórida. Com os pais, André só voava de primeira classe. Quando começou a viajar com amigos, o pai disse que devia estar sempre próximo dos outros.

"Meu pai era de uma personalidade absurdamente incrível. Hoje entendo seu ato de generosidade, de amor comigo. A viagem foi horrível, ele errou na escolha, mas a intenção foi dizer 'vai viver isso porque a idade é essa'. Não estava aplaudindo, soltando fogos pela minha sexualidade. Só queria que eu fosse feliz, o que é diferente", explica.

Depois do episódio com o pai, André descobriu a noite gay, o universo gay, e aos poucos trouxe esses novos personagens para seu mundo burguês. Apresentou os novos amigos às amizades de toda a vida. Ainda assim, até os 17 anos, não deixou de se relacionar com mulheres. Sempre foi (e continua a ser) um entusiasta da figura feminina, ama a beleza, a elegância, as joias. Bruno, ao contrário, conta ter chegado à vida adulta sem reparar nessas coisas.

A mãe de André sempre foi elegantíssima. Até a oitava série, ele pedia que o buscasse na escola, orgulhoso. Queria que os amigos a vissem. André tinha 19 anos e estudava turismo em São Francisco quando seu pai morreu. Sua decisão foi assumir responsabilidades e usufruir a herança recebida. A mãe então o advertiu, ao ser apresentada a um "amigo": "Quem sou eu para julgar o sexo dos anjos? O julgamento não está na sexualidade, mas essa pessoa você não verá nunca mais." André, prudente, seguiu os conselhos maternos, pois o homem em questão não tinha um caráter que valesse a pena.

Como sempre teve fobia a drogas, acha que isso o livrou de comportamentos de risco: "Tive muita sorte. Hoje vejo que os riscos de uma vida homossexual começam cedo. São muito grandes os buracos em que você pode cair pela falta de informação ou por se achar super-herói aos 20 anos. A forma de usar seu corpo, e deixar que o outro use seu corpo, vai se refletir no seu futuro emocional. Não me refiro a uma agressão física, mas ao fato de poder dizer 'não quero'. É difícil aos 20, imagine aos 16. Você só aprende essas limitações aos 30. Às vezes, nunca. E esses riscos são muito presentes. Quando não há uma liberdade de conversa com alguém mais velho, eles aumentam."

Foi só aos 22, no fim da faculdade, que Bruno conheceu um homem pouco mais velho e intuiu que algo mudaria para sempre se saísse com ele. Chorou muito, sozinho, no quarto. Sentiu que estava diante de um divisor de águas. Até que decidiu dar o salto, terminar o namoro com uma moça, colega de faculdade. O novo relacionamento durou oito meses e ele chegou em casa aos prantos depois da primeira vez. Foi para o banheiro, lavou a boca e tomou um banho: "Tive nojo daquela situação, porque era tudo o que eu tinha me programado para não fazer."

Terminado o relacionamento, foi pela primeira vez a uma boate gay, a Le Boy. Lá descobriu que havia muita gente como ele no mundo. Na mesma noite se relacionou com um rapaz e pensou que a partir daí iria curtir a vida. Com a atividade profissional deslanchada, pois montara uma bem-sucedida escolinha de ginástica olímpica no Caiçaras, a família não o questionou. À mesa dominical, falava-se de economia, de política, de vida social, mas assuntos pessoais eram deixados de lado.

Bruno e André se conheceram durante um passeio ao Parque Temático Terra Encantada, na Barra da Tijuca. Ficaram amigos por alguns meses. O namoro começou no dia 6 de dezembro de 1998, data anualmente celebrada. A vida de Bruno experimentou uma guinada. Ele havia decidido largar a ginástica. Não aguentava mais a vida quase militar, com seis horas de treinos por dia. Durante a faculdade, não teve tempo para chopadas. Só estudava e treinava:

"Aí veio o André, que colocou esta aliança no meu dedo dentro do navio. Era o *Enchantment of the Seas*, da Royal Caribbean, uma viagem de grupo divertida pelo Caribe. Depois fomos todos esquiar. Ele entregou a aliança me pedindo para guardar, dizendo que estava grande no seu dedo e tinha medo de perdê-la."

André comprara duas alianças numa viagem anterior, sem ter para quem dar. Foi puro senso de oportunidade: eram Cartier cinco voltas, edição limitada.

"Quando coloquei no dedo do Bruno, foi um ato de sedução, não é?"

A ficha de Bruno só caiu em terra, numa noite em que seu carro foi seguido pelo de André após uma festa. No posto Texaco da Lagoa, deu-se a conversa decisiva. "Você já percebeu que estou gostando de você. Quero uma coisa séria. Você quer?", disparou Bruno.

André, a 200 por hora naquela época, morava em Los Angeles e iria receber convidados num réveillon apoteótico no apartamento da socialite Claude Amaral Peixoto. O namoro incluiu, logo no início, outra "apoteose": o casal se hospedou em todas as suítes presidenciais dos melhores hotéis do Rio de Janeiro.

O ritmo social se tornou intenso. Bruno, que viera de um ambiente esportivo e sem grandes badalações, logo aprendeu a apreciar os sobrenomes "coroados" que frequentavam as colunas sociais e eram íntimos de André.

Ao se preparar para uma viagem a Los Angeles, onde encontraria André, Bruno ouviu de uma tia que talvez estivesse sendo "usado". E que sofreria ao ser "jogado fora". Ele sentiu o preconceito de supor que numa relação homossexual inexistem boas intenções. André circulara desde cedo num ambiente de gente mais velha, viajada, sofisticada. Sua mãe e sua avó logo souberam da relação com Bruno e o acolheram.

Bruno permaneceu dois meses em Los Angeles, assistiu à premiação do Oscar com André, curtiu o momento sem se preocupar com o futuro. Seria o início de uma vida em comum que contabiliza hoje mais de 80 viagens ao exterior. Do Egito ao Taiti, passando por Londres e Paris, não há lugar que eles não conheçam. Uma das viagens mais felizes foi simples, a Orlando, em julho de 2011, na companhia da mãe de André, que hoje precisa se locomover em cadeira de rodas. Escolheram a cidade em razão da acessibilidade. O carinho familiar é algo de que não abrem mão. As duas famílias celebram, reunidas, Natal, aniversários e outras datas.

A mãe de Bruno demorou a admitir a relação estável do filho. Só o fez depois que ele praticamente deixou de dormir em casa e quando uma reportagem com André na revista *Veja Rio* tornou a homossexualidade óbvia demais. "Bruno, você é gay?", perguntou então a mãe. Ele foi direto: "Mamãe, se é assim que você quer dizer, estou me relacionando com o André, sim." E mandou que ela se tratasse, conversasse muito com seu psicanalista, pois ele se sentia feliz e bem resolvido. Não se afastou dela, e aos poucos a aceitação tornou-se plena: "Mantivemos a linha *low-profile*, com André sempre me incentivando a incluir a família em nossa vida."

O que ajudou na aceitação generalizada, além da boa situação financeira, foi, segundo André, a forma de o casal se posicionar, relacionando-se com pessoas de todas as áreas: "Não éramos dois garotos com farras de garotada. As pessoas nos olhavam e pensavam: 'se na casa deles há três desembargadores, um ministro, e eles aceitam, eu também posso aceitar.'"

Mesmo assim, Bruno ficou triste quando um amigo de André disse a outro que ele não morava, que era apenas uma visita, no apartamento do edifício Chopin. Foi logo que se mudaram para lá. Já conheciam muitos dos moradores, e Madeleine Saad os recepcionou com uma festa. Ainda não se usava a palavra casal para dois homens. As notas em colunas sociais falavam de amigos que moravam juntos e usavam aliança na mão esquerda.

No Brasil, as palavras "parceiro", "companheiro", "marido" só passaram a ser empregadas para casais do mesmo gênero agora.

O pai, do qual está afastado, rejeitou a homossexualidade de Bruno e um dia mandou-lhe uma carta ameaçando fazer uso do pátrio poder para "acabar com essa história". Como se isso fosse possível, jurídica ou psiquicamente... Por outro lado, em companhia de André, Bruno se afastou dos amigos gays solteiros, o que preservou ambos de situações que poderiam fragilizar uma relação em estágio inicial.

Quando Bruno foi contratado para fazer o *Viva a Noite*, no SBT, quiseram transformá-lo numa espécie de Gugu. Chegou a apresentar um programa de auditório e sentiu-se muito prestigiado por Silvio Santos. Mas um dia houve um incidente incômodo. Silvio anunciou no ar que Bruno, já vivendo com André, tinha um caso com uma cantora contratada pelo SBT.

"E eu estava de aliança, porque nunca tirei esta aliança. Todo mundo sabia, os diretores da casa sabiam. Mas o Silvio pretendia desenhar aquele personagem para mim, eles queriam que eu fizesse novelas, e eu não queria. Eu fiz jornalismo!", comenta Bruno.

Quando deu uma entrevista em que abriu sua vida pessoal às Páginas Amarelas de *Veja*, a situação na TV começou a degringolar. Silvio Santos fez perguntas incômodas a ele no ar, num programa chamado *Nada Além da Verdade*, em que se usava um detector de mentiras.

Bruno foi para a geladeira do SBT, ainda com um ótimo salário, e começaram a pipocar notícias de que havia uma crise entre ele e André. Isso deu origem a um capítulo que ambos consideram lindo na sua história. Em 2008, celebraram dez anos de feliz união. Convidaram 200 pessoas, de juízes a jogadores de futebol, de Dercy Gonçalves a Juliana Paes, para uma festa blacktie. Queriam dividir aquele momento de alegria especial. Nenhum convidado faltou!

André escreveu à mão todos os convites, porque faz questão do tom pessoal para esses momentos de emoção.

Agora, relação consolidada, após 13 anos de união, os dois ingressam em outra fase da existência. Sem levantar bandeiras, defendem os direitos dos homossexuais brasileiros e sua representação parlamentar.

"Se uma parada gay tem a capacidade de colocar 2 milhões de pessoas na avenida Paulista, devia haver capacidade de união na hora de votar para promover resultados práticos", argumenta André.

O casal detesta trios elétricos e a quase nudez das paradas gays. A mensagem passada à sociedade, alegam, reitera imagens de aberração circense, além de haver um interesse comercial exacerbado. A única coisa em comum das minorias que integram o universo LGBT, opina André, é o desejo pelo mesmo sexo. O homossexual quer apenas construir uma família com outra pessoa, que é do mesmo sexo. Ambos aplaudem o Supremo Tribunal Federal por sua decisão de abraçar a união estável homossexual. "O Supremo não foi partidário da causa homoafetiva. Foi partidário da razão, do direito do cidadão."

Eles se sentem mais confortáveis em usar o termo "união homoafetiva" do que "casamento", ao qual atribuem conotação religiosa. Bruno espera que agora o Legislativo brasileiro "cumpra seu papel, tornando lei uma união desse tipo". Não que precisem do Estado para protegê-los, pois já o fizeram por meio de testamento. A questão surgiu quando a avó de André tinha 90 anos. A mãe dele, filha única, indagou o que aconteceria se ela e o filho morressem num acidente. Quem protegeria dona Lena, que herdaria tudo e poderia ser enganada, roubada por terceiros? Isso apontou para a necessidade de manter em dia a questão sucessória e preservar o círculo íntimo.

"Cheguei a pensar numa situação em que, eu faltando, ficam vivos Bruno e minha mãe. Se ela não for capaz de gerir o próprio dinheiro, quem fará isso? É legal deixar tudo programado", conta André.

7

Do primeiro encontro à união

GILBERTO SCOFIELD JR.

"O resultado é que estou voltando ao Brasil porque não quero que meu parceiro se arrisque a esses momentos de humilhação desnecessária. Momentos de humilhação que só se tornam piores à medida que o representante maior da Igreja Católica me chama de 'ameaça à criação'. Isso num mundo em que as verdadeiras ameaças à criação andam com explosivos carregados no corpo ou sequestram aviões e os jogam contra arranha-céus..."

O jornalista Gilberto Scofield Jr. termina com essas palavras o artigo que escreveu no jornal *O Globo*, em janeiro de 2010. Vítima de homofobia, desistiu do trabalho como correspondente do jornal em Washington, Estados Unidos. Tanto a lei brasileira quanto a americana não reconhecem o casamento entre pessoas do mesmo sexo. O artigo foi o desabafo de quem lutou contra o preconceito a vida toda. Na realidade, de alguém que ainda enfrenta essa realidade mesmo depois de tantas conquistas pessoais e profissionais.

Scofield mantém um relacionamento estável há sete anos e sua carreira é reconhecida internacionalmente. Foi em 2003 que conheceu o atual companheiro, Rodrigo, corretor de imóveis. Estavam numa festa na boate 00, na Gávea. Rodrigo paquerou de longe e ele correspondeu. Gilberto fez um elogio do qual já não se lembra e começaram a conversar. O jornalista não estava muito interessado em namorar, saído havia pouco de uma história que não tinha dado certo. Rodrigo foi insistente e carinhoso, e ele acabou totalmente envolvido.

Seis meses depois do primeiro encontro, o casal já morava no apartamento de Scofield, no Flamengo. A notícia da união foi recebida com tranquilidade pela família do jornalista. O pai e a irmã sabiam que ele era gay (a mãe já tinha morrido): "No caso do Rodrigo, foi mais complicado. Ele terminou o casamento com uma mulher para ficar comigo. A família não se surpreendeu, porque, antes mesmo do casamento com a moça, sabia que ele era gay. Hoje nossas famílias se dão incrivelmente bem."

O dia a dia do casal é totalmente sem regras por conta da rotina de trabalho de cada um, mas o tempo é sempre bem aproveitado. O apartamento é compartilhado com dois gatos. Nos dias de semana, saem com amigos para jantar e ir a festas. No fim de semana, é tudo muito intenso. Quando não estão de plantão, fazem quase todas as atividades juntos, da academia ao supermercado.

O caminho da superação do preconceito foi árduo. Como a maioria dos gays, Gilberto começou a ser discriminado ainda na infância, dentro de casa, por preferir as brincadeiras das meninas. Desde os 5 anos, sentia mais prazer na companhia feminina. "Os meninos gostam de se afirmar o tempo todo, de gastar energia, pular, brigar, jogar, disputar... As brincadeiras das meninas são mais leves, sofisticadas."

A primeira experiência sexual aconteceu aos 8 anos, com um vizinho de 10. Durante três anos, eles só se encontravam escondidos, sem saber direito o que acontecia. Sabiam apenas que era bom. Quando a mãe de Gilberto os surpreendeu trocando carícias, levou um choque. Depois do flagrante, a relação com ela ficou mais tensa: "Ela sabia que eu era gay, mas não aceitava. Jamais quis lidar com o fato de forma clara e direta. Como mulher de personalidade forte e muito religiosa, disse várias vezes: 'Prefiro ter um filho marginal a gay.'"

No ensino fundamental e no médio, Scofield usava a inteligência e a amizade para se proteger das manifestações preconceituosas. Sua estratégia foi se tornar indispensável aos colegas: dava cola a todos e era o melhor jogador de pingue-pongue da escola municipal Isabel Mendes, no subúrbio do Rio de Janeiro. O ensino médio foi o momento de transição, quando saiu do núcleo familiar para a sociedade, época em que fez amigos de verdade e não estava mais ligando para o que os outros iriam pensar: "Caso alguém tentasse me agredir, dizendo 'olha lá o veadinho', tinha sempre uma turma para me proteger e dizer que eu era muito bacana."

O menino, criado sob a repressão da religião católica, chegou a participar de um grupo jovem na paróquia perto de casa. Não ficou muito tempo, numa espécie de antecipação da vivência futura completamente avessa à hipocrisia: "Sempre fui intolerante com a intolerância, daí os conflitos com minha mãe. Eu não abaixava a cabeça. Levava meus namorados em casa, sem dizer oficialmente que eram namorados. Ela sabia e fazia cara feia. Saíamos do quarto depois de horas, com aquelas caras cansadas, felizes, de depois do sexo. Era inegável o que estava acontecendo."

O embate foi mais duro com a mãe do que com o pai, que era descompromissado, daquele tipo "se está feliz, então está bom". Hoje ele está com mais de 90 anos e tem muito orgulho do filho, que usa o sobrenome dele. Scofield tem ainda na família uma irmã bem mais velha, de quem sempre recebeu respeito e admiração e com a qual se relaciona de forma amorosa.

Em meados da década de 1990, perto da morte, a mãe se reaproximou: "Ela disse que queria que eu fosse feliz, mas acho que não foi exatamente uma aceitação, e sim uma forma de fazer as pazes consigo mesma."

Na adolescência, ele namorou muitas mulheres. Mas não se sentia realizado. Achava o sexo "ansioso" e invariavelmente pensava em homens durante a relação. Ainda se lembra bem do primeiro amor por alguém do mesmo sexo. Tinha 15 ou 16 anos quando se apaixonou perdidamente por um garoto do clube que frequentava nos fins de semana, o Mackenzie, no Méier. O rapaz devia ter uns 18 anos e percebia claramente que Gilberto não conseguia tirar os olhos dele: "Ficava se exibindo para me provocar, apesar de namorar as meninas mais mocorongas do clube. Trocávamos olhares cúmplices e insistentes."

Nesse exato momento, acabaram-se todas as suas dúvidas sobre a sexualidade. Era uma sensação que nunca tinha experimentado. A presença do rapaz o deixava com o coração aos pulos, a boca seca, uma enorme vontade de beijá-lo e abraçá-lo longamente. Foi um sentimento platônico, mas surpreendentemente forte.

Mesmo consciente da homossexualidade desde a infância, Scofield só assumiu sua condição quando ingressou na Universidade Gama Filho, em 1982, onde cursou comunicação social. Lá não havia a rede de proteção do ensino médio.

"A primeira grande dor foram os ataques. Eu entrava na sala e um grupo gritava: 'Veado, ui!' A segunda foi constatar que dinheiro no bolso e esclarecimento intelectual nada têm a ver com tolerância. O preconceito está ligado às experiências pessoais, e não à formação ou ao nível social. Ao enfrentar esse comportamento numa instituição de nível superior, a ideia de universidade foi desmistificada. Achava que as pessoas me aceitariam porque estava num ambiente de pensamento desenvolvido."

A terceira constatação dolorosa foi a omissão do corpo docente em relação às manifestações agressivas dos colegas. Mais uma vez, superar-se foi a saída para conquistar respeito. Tornou-se um dos melhores alunos da turma para calar quem o desrespeitava: "O gay tem que se afirmar de todas as maneiras, fazer um exercício constante de superação. É muito comum nos depararmos com a 'bicha' engraçada, a 'bicha' ferina, que tem a piada certa na hora certa. Tem também a estratégia de andar com as amigas mais bonitas para ser respeitado pelos heterossexuais. Ou usar a tática da inteligência, da sensibilidade, do melhor amigo, criando um círculo mais próximo para se proteger."

Na opinião de Scofield, é difícil para as famílias aceitarem seus filhos gays e suas filhas lésbicas porque existe uma ruptura na expectativa da continuidade. Quando os conflitos se tornam intoleráveis, a solução é a independência: "Na China, a pressão pela continuidade é horrível, pude acompanhar isso de perto ao trabalhar lá como correspondente. A independência financeira fortalece o homossexual perante a família. A partir do momento em que consegue trabalho, paga as próprias contas e sai de casa, os pais passam a ter que conquistá-lo pelo amor. Sempre que algum jovem me pede conselho por enfrentar problemas em casa, digo logo: 'Vá ganhar seu dinheiro.' Essa é a melhor forma de conquistar o respeito da família."

Afora o argumento da quebra da "lei natural dos homens", que "fez o macho para a fêmea" e o "sexo somente para procriação", o preconceito também se manifesta diante do mito da promiscuidade da condição homossexual. "O homem é criado pelas próprias mulheres para ser o predador. Se uma mulher tem muitos parceiros, é prostituta. Se um homem 'come' um monte de mulheres, vira ídolo na roda de amigos. Partindo-se dessa ideia, quando um homem se relaciona com outro, há menos censura entre eles e ausência de limites para o ímpeto de pegador. O que pode inibir um homem na relação heterossexual é a possibilidade de deixar a mulher grávida. Entre homens, não tem esse risco. Existe ainda, na maioria das famílias que conheço, uma orientação sexual desvirtuada. Não se diz para um filho que está iniciando a vida sexual 'trepe por celebração do relacionamento', e sim 'está levando a camisinha?'. A sexualidade masculina acaba superestimada."

Na sua percepção, as passeatas podem ser um caminho para a conscientização, ainda que distantes da eficácia desejada: "Parada gay é necessária, mas precisa ser organizada. As pessoas vão para azarar sem perceber que aquilo não é carnaval. Acho que o evento é mal organizado no Brasil. Nos Estados Unidos, a parada é um misto de festa e manifestação política. Os carros tocam música animada, mas as pessoas discursam nos intervalos. Uma manifestação como essa não pode ser só festa, gente fantasiada e atitude promíscua. Isso apenas reforça o estereótipo. As pessoas adoram generalizar e esse comportamento fomenta ainda mais o preconceito."

Ao mesmo tempo, o silêncio não é opção. Ele acredita que o direito civil é uma exigência que demanda trabalho intenso e persistente de conscientização. É necessário criar leis, sensibilizar o Congresso, o que não se faz de um dia para outro.

Scofield lembra a época em que escrevia para a revista *Sui Generis*, publicação dos anos 1990 voltada para o público gay. Ele recebia cartas de agradecimento de gente do interior que muitas vezes havia pensado em se suicidar e mudou de ideia depois de ler as reportagens que tratavam da vida gay com normalidade: "Isso é o que precisa ser passado para a sociedade. Todo ser humano tem direito a uma vida normal, seja ele negro, gordo, deficiente físico, mulher, criança ou homossexual. Todo direito civil é direito para todo mundo. Tenho repetido que nossa aspiração não é entrar na igreja de véu e grinalda. A luta é pelos direitos civis. No caso do casamento, estes são diferentes da união estável, em especial na questão da herança. Também é preciso lutar para que as manifestações homofóbicas se tornem crime, de modo a inibir casos como o do rapaz espancado com uma lâmpada em São Paulo."

O que falta? Talvez o reconhecimento daquele primeiro elo, o da família: "No Brasil parece que gay não tem família, que é filho de chocadeira. Nos Estados Unidos, é comum ver casais de senhores e senhorinhas de mãos dadas, carregando placas nas quais se lê: 'Eu amo meu filho transexual.' É preciso que aqueles que convivem com homossexuais também se envolvam nessa briga. Precisamos desaparelhar o Congresso de gente retrógrada para avançar nesse assunto. Nem que seja daqui a 50 anos."

8

À espera de um filho

SUZANA E GYSLAYNNE

Suzana Adachi, 34, e Gyslaynne Palmerino, 23, estão ansiosas. Juntas há quatro anos, sonham com o nascimento de um filho. O desejo está mais perto de se tornar realidade: Gyslaynne iniciou um tratamento de inseminação artificial em 2011 na clínica de fertilização Pro-Seed. Elas se conheceram por intermédio de amiga comum. O coração balançou. Falavam-se apenas pela internet no começo. Cada vez mais envolvidas, decidiram se encontrar.

Suzana foi à cidade de Gy, Americana, no dia em que ela completou 18 anos. Um mês e meio depois, Gyslaynne foi a São Paulo. Apaixonaram-se e não se separaram mais. No dia 10 de março de 2011, o casal completou quatro anos de união.

Gyslaynne comemora: "São lindos e maravilhosos quatro anos de muito amor, paixão, fidelidade e companheirismo."

A rotina do casal é intensa. Suzana e Gyslaynne trabalham juntas como consultoras de negócios. Sempre que encerram o expediente num horário razoável, saem para jantar, de preferência comida japonesa ou pizza. Nos fins de semana passeiam com os pais de Gyslaynne ou com a irmã de Suzana e as filhas dela. É preciso tempo para cuidar também dos seis cachorros da raça *spitz*: Flucky, Lulu, Meg, Suzy, Nina e Michy.

Não sobra muito tempo. Raramente saem para dançar. Mas garantem que têm uma vida sexual ativa. Além disso, todo terceiro domingo de cada mês participam do grupo Pequena Sementeira, que reúne mães e pais homossexuais. Lá ouvem muitas histórias de amor e dividem experiências.

Quando beijou uma amiga, Suzana foi tomada por um sentimento novo, diferente de tudo o que vivera até ali. Antes desse beijo, que aconteceu aos 24 anos, ela tinha uma série de sentimentos indefinidos. Sofria com ciúme de algumas amigas do colégio ou admirava demais alguma professora. Também não conseguia se apaixonar pelos namorados, achava que não tinha sorte no campo afetivo. Quando ficou com uma amiga, vivenciou enfim um sentimento bastante intenso. Ali entendeu o significado da palavra amor.

A primeira vez com uma mulher foi inesquecível: "Uma mistura de sensações e de emoções novas. Percebi, naquele dia, tudo o que estava dormindo dentro de mim, que eu era normal, apenas estava no caminho que não era o meu de verdade", avalia.

Em paz com seu jeito de ser, Suzana encarou tudo e todos, contando a verdade para familiares e amigos. Seu pai morreu quando ela tinha 11 anos. Sua mãe, em 2006. Mas ela não conseguia se abrir: "Hoje sinto que ela nos aceitaria, pois o sonho dela sempre foi a minha felicidade." Sua irmã, sua tia e seus outros familiares aceitam numa boa, por isso nunca viveu o preconceito familiar.

Por sua vez, Gyslaynne sabia desde pequena que gostava de mulheres. Bem cedo, teve seu primeiro relacionamento com uma garota. Chegou a namorar homens, mas não se sentia completa: "A primeira vez com uma mulher foi mágica, ainda que um pouco desajeitada. Confesso que agora é bem melhor."

Hoje, o pai e a mãe de Gyslaynne visitam a filha com frequência e tratam Suzana com carinho. Nem sempre foi assim. O pai de Gyslaynne passou quase um ano sem falar com ela quando descobriu sua orientação sexual. A mãe era mais tranquila, no entanto também não aceitava bem e evitava o assunto. Quando Gy fez 18 anos e se mudou para São Paulo, a mãe as visitava sozinha. Aliás, Gyslaynne também ia sozinha para Americana. Nove meses depois, finalmente, o pai apareceu. Desde então, frequenta a casa. A família acabou "adotando" Su, a quem chamam de "filha". "Eles a amam muito. Atualmente estão ansiosos pela chegada do netinho."

A falta de amparo legal preocupa o casal. "Temos no mínimo 78 direitos civis a menos que um casal heterossexual, mesmo que eles também não sejam casados no papel. Se a Gy precisar passar por cirurgia de urgência e só eu estiver no hospital, não posso autorizar. A autorização só pode ser dada pelos familiares dela, apesar de nem morarem aqui."

Para Gyslaynne, a disparidade de direitos entre gays e héteros é absurda: "Afinal, nós pagamos os impostos da mesma maneira que qualquer pessoa! Por outro lado, acho que as coisas estão começando a mudar. Acredito que, ao longo do tempo, iremos adquirir todos os direitos que nos são devidos como cidadãos."

O preconceito dentro de casa foi superado, mas na rua o casal se depara com situações inusitadas. Certa vez foram a um restaurante no Rio com os pais de Gyslaynne e logo na entrada estava escrito: "Casal janta conosco e mulher não paga." Quando entraram, informaram que eram um casal e que seriam duas promoções. Ouviram então: "Mas a promoção é para casal normal, de homem e mulher."

"Resolvemos peitar e dissemos que ou deixavam a gente jantar ou teriam problemas com a Justiça. Para nosso espanto, o funcionário do restaurante pediu que nos beijássemos para ter certeza de que éramos um casal. Depois, acabou pedindo desculpas e nos serviu muito bem."

Assim como Suzana, Gyslaynne nunca se escondeu. "Eu me aceito muito bem. Sempre fiz questão de que todos soubessem. Tenho orgulho de quem somos e quero que nossa filha também tenha muito orgulho das mães, pois vamos amá-la acima de qualquer coisa e jamais faremos nada para que ela se sinta mal."

O casal recorreu ao banco de sêmen e separou R$ 15 mil para o procedimento em clínica especializada. Não foi nada difícil decidir quem carregaria o bebê. Ambas sempre quiseram ter um filho, mas Suzana não pensava em gerar. A tarefa, "maravilhosa", coube à companheira.

Suzana quer ver logo a cara da filhota. Gosta de ficar imaginando como será o bebê. "Queremos brincar com ela, ensinar e aprender muitas coisas. Seremos ótimas mães. Temos o mesmo jeito de educar e pensamos da mesma forma."

Elas vão cuidar para que a filha não se sinta discriminada ou diferente.

"Daremos uma boa educação e vamos ensiná-la a se defender. Nossa filha, com certeza, terá orgulho por ter duas mães honestas, que a planejaram durante tanto tempo, trabalhadoras, que sempre lutarão para dar a ela o melhor. A sociedade parece exigir mais dos gays e das lésbicas, inclusive na educação dos filhos. Se acontecer qualquer problema com uma criança fruto de união homoafetiva, certamente vão culpar a orientação sexual dos pais."

Suzana destaca a necessidade de mudar a cabeça dos professores e das famílias mais tradicionais. Acredita que o preconceito está neles e não nos coleguinhas. "A sociedade precisa estar preparada para os novos tipos de família que estão se formando."

Algumas mudanças, lembra, já são percebidas. Hoje, algumas escolas têm o "dia da família", em vez de dias dos pais ou das mães. "Como nossa filha será criada com muito amor, respeito e diálogo, acreditamos que saberá lidar bem com situações adversas."

9

Além do ressentimento

JAMES ALISON

James Alison é, no mínimo, uma pessoa surpreendente. Teólogo católico, formado pela Faculdade Jesuíta de Filosofia e Teologia, sacerdote e escritor, ele fez questão de manter unidas sua fé e sua homossexualidade. E pagou um preço alto pela decisão. Aos 52 anos, esse inglês com livros publicados em vários países debutou na literatura brasileira com *Fé além do ressentimento – fragmentos católicos em voz gay*, lançado no Brasil pela Editora É Realizações em 2010. Nessa obra, afirma que seria impossível ser teólogo se não estivesse disposto a ser honesto consigo mesmo. Alto, com sorriso franco e fala mansa, reconhece que não foi uma decisão fácil.

"Conciliar a fé católica com a postura de homem gay neste período histórico do desabamento de um armário cada vez mais frágil é exercício diário."

Filho da dona de casa Sylvia Mary e de Michael Alison, político conservador que foi ministro de Margaret Thatcher, irmão de Sebastian, jornalista que vive na Bulgária, e da diretora de cinema e escritora de romances Rosie Alison, que mora em Londres, James descobriu que era gay aos 9 anos.

"Percebi que queria achar um príncipe, enquanto meus amigos buscavam uma princesa. Muitas vezes acontece de uma pessoa se dar conta da homossexualidade bem antes da puberdade, já que tem a ver com toda a vida emocional e não somente com o elemento sexual."

Nessa fase ele se apaixonou por um coleguinha da mesma idade, mas em silêncio. Era um amor não correspondido, já que o menino era heterossexual. O sentimento era enorme, mas Alison tinha consciência de ser proibido e de que isso lhe traria sofrimento. Foi então que percebeu que só seria pleno se pudesse amar dessa forma proibida. Foram anos bem difíceis. Ao mesmo tempo em que sentia o prazer e a força de um amor muito grande, tinha a sensação de despencar de um precipício.

"É muito fácil, e inebriante, dentro do confinamento de uma danceteria, cantar publicamente hinos gays tais como "I Am What I Am" (sou o que sou). Ainda assim, realmente acreditar que somos amados como somos é, para a maioria de nós, uma jornada que se encontra apenas parcialmente percorrida...", escreve em seu livro.

James comenta que os pais eram anglicanos evangélicos linha-dura e defendiam a hostilidade total aos gays. Lembra a reação que tiveram quando contou que era homossexual. O pai abriu a Bíblia, leu alguns trechos e aconselhou: "Tudo bem, contanto que você não faça nada." A mãe reagiu: "Agora a gente entende por que você é um menino complicado."

"Para eles foi assustador, chocante, tanto por razões pessoais quanto políticas." O pai considerava a homossexualidade uma aberração e até falecer, em 2004, posicionou-se contra o avanço dos direitos dos LGBTs.

"Meu pai seguia a restrição religiosa e era absolutamente contrário ao homossexualismo. Somente uma vez foi diferente. Seis meses antes da morte dele, quando eu estava no Chile em visita a um amigo por quem tinha forte apego emocional, liguei para casa, ele atendeu e perguntou: "Como está o jovem?" Essa foi a primeira e a única vez em que falou com respeito e ternura sobre amigos meus, acerca de pessoas que integravam a minha vida afetiva. Para mim, essa pergunta de meu pai foi uma graça divina ardorosa, já que foi praticamente a última conversa lúcida que tivemos."

Alison mora no Brasil há mais de 20 anos em períodos intercalados por viagens ao exterior. Atualmente reside em São Paulo.

Ele reconhece que o medo da homossexualidade nascia do fato de não contar com nenhum apoio, de não ter um modelo adulto. Vivia fechado no mundo conservador tanto político quanto religioso da família. Para seu pai, em certo sentido, foi mais assustador James virar católico do que ser gay. Na concepção da tradição familiar do pai, a Igreja Católica era a igreja da perdição e o papa, o anticristo.

"Era uma existência um pouco esquizofrênica. Eu estava muito preso a ela e bastante perdido. Minha aceitação demorou anos."

Para Alison, a ousadia dos gays para se aceitar costuma ser maior na classe média e nas classes sociais mais baixas. Isso porque as pessoas não têm muito a perder. Já no caso de integrantes da classe alta, em geral, o preconceito aconselha a invisibilidade, uma vez que as pessoas acham que há muito mais em jogo.

"O descobrimento de que a homossexualidade não é um erro ou uma piada cruel representa uma enorme diferença para nós. Saber isto provoca um grande alívio para aqueles que estão acostumados a escutar que seus sentimentos são errados, doentios, distorcidos. Para aqueles que, cada vez que tentaram dizer a verdade sobre sua vida, se depararam com um sem-fim de mentiras e desenganos", escreveu certa vez Alison em artigo publicado pela revista mexicana *Conspiratio*.

James assumiu sua homossexualidade abertamente aos 18 anos e logo se apaixonou por um colombiano que morava em Londres, morto em decorrência da aids no final de 1995. Fernando era garçom e se conheceram num bar GLS no Earl's Court, região gay de Londres. Era uma época de efervescência, ambos tinham a mesma idade, mas nunca moraram juntos. Alison acha que, na época, não tinha estrutura emocional para isso.

Era amor ou paixão?

"Você está me fazendo muitas perguntas brasileiras para um menino que, na época, era ainda mais inglês do que agora."

Quando se apaixonou por Fernando, ele atravessava o processo de conversão do anglicanismo evangélico familiar para o catolicismo. Ele se tornou católico em 1978. Estudou letras em Oxford de 1978 a 1980, fez intercâmbio estudantil e, por conta disso, morou três anos no México. Foi uma estratégia de sobrevivência, já que durante os tempos de universidade esteve muito próximo de se matar. O intercâmbio permitiu que sobrevivesse. A família mexicana era católica tradicional e lá James se sentiu bem mais tranquilo. Pela primeira vez, conheceu o significado da palavra paz.

Foi lá também que ingressou na congregação religiosa dos dominicanos, na qual permaneceu de 1981 a 1995. Fez o postulado no convento, no centro antigo da Cidade do México, e o noviciado na cidade de Amecameca, que fica ao lado de dois vulcões: o Popocatépetl e o Iztaccíhuatl: "Tentei viver com honestidade dentro do meio eclesiástico, que é infernal."

Logo que entrou, James procurou o encarregado vocacional e disse claramente que era gay. Era o começo do papado de João Paulo II e sua linha-dura ainda não tinha chegado com força. No entanto, o encarregado lhe disse: "O fato em si não é importante, mas seja prudente, veja o que você vai falar sobre isso, porque nem todas as pessoas aqui são capazes de entender."

"Havia um conforto: em todos os lugares de formação eclesiástica que frequentei, eu nunca estava em minoria por ser gay.

Naquele tempo, não aconteceram muitos fatos marcantes nesse campo. Até hoje eles são bons comigo. Um deles, o bispo Dom Raul Vera, que foi meu mestre de noviços, é um grande amigo", relata.

Não foi fácil para James conviver com as regras sutis da igreja. Sua opção foi aceitar que ali dentro não era para namorar. Mesmo com a grande presença gay que observava, isso não significava que estavam interessados. Ficavam todos no armário eclesiástico, a regra do jogo era não falar. Isso é que poderia provocar problemas: "É quando você fala que descobre a raiva perseguidora, um reflexo do comportamento dos gays enrustidos. A perseguição que havia partia de gays enrustidos, que se negavam tão profundamente em alguns casos que acho que nem tinham conhecimento de sua homossexualidade. O alto grau de ódio e de rejeição a si mesmos faz deles perseguidores implacáveis. Existia também a turma do que chamo de 'hipocrisia branda', que recomendava: não faça marola, porque ela pode virar onda. São aqueles que jamais querem causar problema aos que são como eles, mas também são os que nunca vão defender alguém caso o assunto venha à tona."

"O universo bíblico – mãe e fonte de todas as histórias – foi resoluta e absolutamente fechado para os gays, ou assim pareceu. Éramos considerados inimigos óbvios da religião e de Deus, mesmo quando éramos, com bastante frequência, criados e educados no seio de ambientes domésticos profundamente religiosos. Como fazer para nos amparar naquilo que é bom, justo e puro, enquanto descobríamos – para nosso completo aniquilamento íntimo e sem achar, de maneira alguma, que havíamos escolhido isso – que éramos inimigos de Deus?", escreve Alison em *Fé além do ressentimento*.

A vida religiosa de James no Brasil começou em 1987, ao estudar com os padres jesuítas em Belo Horizonte, enquanto morava no convento dos dominicanos. Nas entrevistas iniciais com os superiores, imaginava que nem seria necessário falar do assunto, mas, ao perceber que a vivência fraterna deles neste campo era frágil, foi mais explícito: "Sou gay, e se vocês podem me aceitar sem que isto cause problemas, então venho estudar aqui, porém, se for problema, digam agora e me retiro."

Mesmo assim, foi aceito. Para Alison, ao se posicionar, havia tirado deles o poder da chantagem. Foram três anos excelentes de estudos. Muitos dos professores jesuítas da faculdade (que agora se chama Faje) são considerados por ele feras da teologia e seriam astros em qualquer faculdade do mundo. Sua percepção foi a de que acabou recebendo uma formação teológica melhor que a de seus companheiros de turma da Inglaterra, que estudaram em Oxford. Na faculdade em Belo Horizonte, foi sempre tratado com respeito pelos padres jesuítas. Um deles, João Batista Libanio, um dos mais conhecidos teólogos do Brasil, assina o prefácio de seu livro.

O trabalho na pastoral da aids contribuiu muito para que James sobrevivesse como gay numa igreja conservadora. Na época, lembra, a pastoral era muito mais temida do que hoje. Ainda não havia coquetel nem outros medicamentos para tratar a doença. A atitude dos companheiros mais jovens acabou soprando a seu favor. Em Belo Horizonte, existiam diversas capelas: Alison rezava a missa em várias delas, batizava, casava, dava comunhão, extrema-unção, mas o trabalho com a aids era o principal. Quando começou na pastoral, 80% dos atingidos pela doença morriam cinco meses depois de apresentar os primeiros sintomas.

Entre os anos de 1992 e 1993, morando em Cochabamba, na Bolívia, lecionava na Universidade Católica Boliviana (UCB). Foi, então, duramente perseguido e ameaçado pelos superiores. Nesse período, escrevia sua tese de doutorado sobre o pecado original no pensamento de René Girard, teórico francês que estuda o desejo e a violência. A situação ficou muito difícil na Bolívia, culminando com uma reunião dos superiores latino-americanos da congregação. Eles exigiam mais que o afastamento de Alison do posto acadêmico que estava a ponto de assumir no Chile. Queriam sua expulsão do continente.

Por incrível que pareça, a perseguição o fez perceber que o problema não era Deus. "Senti alívio, pois descobri que a violência daquele armário eclesiástico nada tinha a ver com Deus, uma vez que era um mecanismo puramente humano. E descobri ainda que eu tinha assumido os votos religiosos sob falsa consciência. Era como casar com alguém tendo um revólver apontado para a cabeça. Quando me dei conta disso, que eu não era realmente membro da congregação e que a comunidade religiosa não podia ser meu juiz e jurado, pensei: 'Não sou membro desta comunidade, sou hóspede, e não posso exigir deles hospitalidade indefinida.' Juridicamente, eles não tinham instrumento legal para saber o que fazer com minha revelação. Então escrevi para Roma, indiquei que meus votos eram nulos e disse que, se quisessem anular meu sacerdócio, tudo bem. Primeiro, a congregação romana respondeu formalmente: 'Não vemos nenhum motivo para anular seu sacerdócio. Você é padre. Pedimos apenas que você solicite ser tratado como laico.' Olhei os documentos e, como não cobriam nada que tivesse a ver com o meu caso, que era de consciência, resolvi não entrar no processo deles."

Durante 10 anos não houve mais sinal de vida das autoridades, mas o superior dos dominicanos na Inglaterra escreveu para James em 2006. Ele conta que a carta dizia mais ou menos assim: "Olhe, James, eu quero limpar a minha mesa e quero a sua licença, pedindo para que você se desligue da congregação." Ele entendeu que, para os superiores, a solução era o desligamento.

"Parecia que o exército boliviano tinha escrito, me perguntando se eu tinha problema de ser rebaixado de general para coronel, um rebaixamento fictício, que é absolutamente indiferente para quem não se considera membro do exército boliviano."

O processo foi levado de maneira amigável. O resultado objetivo foi ficar na situação que já estava. Alison é padre, mas não membro de uma congregação. Também não é vinculado a uma diocese, embora esteja aberto à possibilidade, caso haja um bispo "muito corajoso" que queira integrá-lo. Vive numa espécie de "limbo canônico". Como se fosse uma "não pessoa" para tudo quanto é regular.

"A graça disso é que me dá uma liberdade muito grande em meio aos que são tão irregulares quanto eu. Para mim é uma situação ótima."

James escreveu quatro livros na última década, além de proferir palestras e cursos em várias partes do mundo. *Fé além do ressentimento* foi lançado na Inglaterra em 2001 e, no Brasil, em 2010. O livro segue duas vertentes fundamentais. A primeira oferece a possibilidade de compreensão renovada da fé católica com base no pensamento de René Girard. Já na segunda, o autor conta como descobriu que seria impossível ser teólogo se não estivesse disposto a viver como fiel católico e homem gay.

"Por enquanto estou em paz. Posso começar a imaginar um ministério entre pessoas que não cabem dentro da forma eclesiástica atual."

Seu sonho é contribuir para a existência de uma autêntica pastoral LGBT em São Paulo e criar algum tipo de programa social para os garotos de programa que frequentam o centro da cidade, onde mora atualmente.

James tem hoje seu próprio apartamento na avenida Vieira de Carvalho, popular bairro gay paulista, apelidado de "A Vieira", e festeja a adoção do jovem Luiz Felipe e a experiência enriquecedora que é formar uma família.

"Uma das coisas boas que experimento pela primeira vez é

esse sentimento. Tive o privilégio de ter conhecido o jovem Luiz Felipe, quero adotá-lo como filho e lhe dar o meu nome."

"Não sei ainda que forma tomará a discussão cristã sobre a questão gay no futuro. Estou confiante em que a dinâmica que está em operação, desde o Pentecostes, continuará seu curso. Essa é a dinâmica por meio da qual descobrimos a verdade sobre o que é, à medida que aprendemos a nos afastar dos mecanismos que nos capturam na lógica do linchamento. À medida que as discussões sobre a existência gay começam a tomar outros espaços, para além da fogueira, descobriremos o que tudo isso significa e aprenderemos a nos comportar de acordo. A compreensão começa a florescer sempre que as pessoas se recusam a iniciar uma caça às bruxas", reflete, num trecho de *Fé além do ressentimento*.

10

Escrito nas estrelas

CARLOS TUFVESSON

Casado há 16 anos, o estilista Carlos Tufvesson adora contar histórias prosaicas da vida a dois. Entre suas favoritas, está a que envolve a contratação de uma empregada para a bela casa da família, na Zona Sul do Rio de Janeiro.

A funcionária escolhida, muito envergonhada, contou a Carlos que seus filhos adultos, por puro preconceito, não queriam que ela aceitasse o trabalho. A senhora resolveu encarar o desafio contra a vontade da família. Em um desses acasos do destino, um conserto doméstico colocou o ponto final no mal-estar: "Precisei fazer um reparo em casa e ela avisou que seu filho podia ajudar. Quando ele chegou, ficou espantado ao ver que era uma casa igual à de qualquer família. Não era uma boate cheia de espelhos, luzes e brilhos. O estereótipo de que a vida de um casal gay é só festa e glamour é forte, porém nossa vida é comum. Nessa quase banalidade reside a beleza do casamento."

Eis o que tanto preocupava a família da doméstica: Carlos vive com o arquiteto André Piva há quase duas décadas. Como, em maio de 2011, o Supremo Tribunal Federal (STF) estendeu o direito à união estável aos homossexuais, o casal resolveu regularizar sua situação. Havia algum tempo já tinham pensado nisso, mas as possibilidades legais eram tão surreais que simplesmente desistiram: "É muito triste você querer legalizar sua união e precisar fazer um registro de empresa, com toda a burocracia. Se quiser a separação, precisa mandar a comunicação por escrito, via cartório. Agora é diferente. Fui pedido em casamento depois de tanto tempo de relacionamento. Adorei", diverte-se Carlos.

As histórias dele e de André, ambos de 41 anos, se cruzaram em uma festa num dos primeiros bares *gay friendly* do Rio. Até então suas trajetórias eram bastante distintas.

Filho de coronel e neto de general, o estilista carioca estudou, por decisão da mãe, nos colégios católicos São Patrício e Padre Antônio Vieira. Nos anos 1970 e 1980, eles reuniam boa parte da juventude dourada carioca. Ou seja, na infância, Estado e religião eram assuntos que se misturavam em casa. Carlos, inclusive, foi aprovado nos testes de admissão ao Colégio Militar.

A avó materna era filha de Maria e zeladora do Sagrado Coração de Jesus. Carlos fez primeira comunhão e lia as orações na missa. Rezava de cor não apenas a missa como o credo e a salve-rainha. Nascido na Tijuca, foi criado com a cabeça voltada para os valores familiares mais tradicionais.

"Só que, com o tempo, aprendi que a Bíblia não é livro de receitas. Quem a usa para pregar a intolerância e o preconceito não sabe o que está fazendo."

Até os 24 anos, o estilista namorou meninos e meninas. Chegou a viver com uma garota. "'Trepar' com homem não faz ninguém ser gay." Até que, quando estudava moda em Milão, levou uma "cantada linda" e resolveu viver a "aventura romântica" em uma experiência homossexual.

Naquela época, tinha a firme convicção de que um homem não se apaixonava por outro, mas foi surpreendido: ficou completamente apaixonado por aquele conquistador. "Foi muito bonito.

Achei que não devia sacrificar minha felicidade, pensando no que os outros iriam achar. Afinal de contas, a gente vive para quê? Não tem esse papo de comparar a relação heterossexual com a homossexual. Como em todos os relacionamentos, o que diferencia um romance de outro são a atração e o afeto."

O namoro internacional acabou e Carlos voltou ao Brasil. Já alimentava o sonho de seguir a carreira de estilista e se tornar herdeiro de um talento familiar. Sua mãe, Glorinha Pires Rebelo, faz sucesso desde os anos 1980 com vestidos de festa e modelos para noivas.

Inspirado na trajetória da mãe, sentiu-se seguro para contar à família sobre sua homossexualidade: "A mãe vê o filho feliz e, por mais que não seja o que sonhou para ele, acaba aceitando. No meu caso, eu tinha uma história de vida e de amor construída com minha mãe. Ela me criou de maneira libertária. A seu modo, foi feminista sem ser feminista. Vivia à frente de seu tempo. Homem nenhum estava preparado para conviver dessa forma com uma mulher."

A mãe do estilista se separou quando Tufvesson tinha somente 6 meses. Dava aula em três escolas públicas para sustentar a família. O estilista lembra que ela chegava a discutir de igual para igual até com ministros de Estado numa época em que mulher não conversava à mesa. O fato de ser assim acabou facilitando as coisas, já que ela o criou para ser independente.

"A mãe do Carlos merece o título de mãe do ano. Ela recorta tudo o que sai sobre o filho na imprensa. É corujíssima", emenda André, que conta com a total aprovação da sogra.

O arquiteto, por sua vez, sentiu atração por homens "desde sempre". Nasceu no Rio Grande do Sul, mas a separação dos pais fez com que passasse boa parte da existência em Brasília. Levava vida de playboy por lá. Acabou voltando a Porto Alegre para a faculdade de arquitetura. Os amigos gays deixavam seu pai desconfiadíssimo. André resolveu então transferir o curso para o Rio, onde passou a morar sozinho.

"Tem gente que vai e volta. Eu sabia que tinha atração por homens. Namorei garotas porque faz parte do processo de descoberta da sexualidade. Foi na faculdade de arquitetura que entendi o que realmente queria. Ao vir ao Rio, achei que era hora de contar para meu pai e meus irmãos. [Piva tem um irmão e uma irmã.] Sair do armário não é fácil. Você tem que estar bem de cabeça e seguro do que vai fazer. Felizmente, não tive problemas. Mas minha história é exceção."

Foi no Rio de Janeiro, cidade escolhida para construir sua vida, que André esbarrou em Carlos. Aconteceu no bar Bastilha, em Botafogo, um dos primeiros lugares da cidade a aceitar abertamente a presença de casais homossexuais. O estilista não tirava os olhos "daquele gato".

Alguns dias depois, Carlos entrou de penetra no aniversário de André. Tomou coragem e foi cumprimentar o homenageado da noite: "Ele era lindo. Gostava de usar camisas justas, tinha os braços bem torneados. Cheguei e falei: 'Parabéns, que você seja muito feliz...' Mas não aconteceu nada. Um mês depois, nos encontramos e trocamos um beijo. Só que eu precisava voltar para a Europa, ainda estava na pós-graduação. Quando retornei ao Brasil, recebi um telefonema do André e fiquei sem entender nada. Em duas semanas, ele estava morando na minha casa. É uma prova de que casamento não tem fórmula de sucesso."

Desde que se conheceram – "e não desgrudamos mais", como fala André –, os dois sonhavam com uma casa que refletisse seu estilo de vida. O imóvel que encontraram tem vista deslumbrante para a lagoa Rodrigo de Freitas e o Cristo Redentor. O gigantesco loft é decorado com obras de arte e tem uma moradora muito especial: a cadela Nikita.

E uma criança correndo para lá e para cá?

"Não tenho vocação para a paternidade. A gente leva uma vida muito independente. Carlos ainda pensava um pouco nisso porque sua família acaba nele no Brasil. Sentia a necessidade de dar continuidade ao sobrenome. Hoje, com nossas atribuições, não teríamos condições de dedicar a atenção de que uma criança precisa. Mas nossos sobrinhos são uma alegria em nossa vida."

O estilista prossegue:

"Tenho uma vida louca. Se nem tenho tempo de dar atenção direito aos meus sobrinhos, que dirá a meu filho! Imagine chegar em casa e meu filho chamar a babá de papai! Vou viver à base de Rivotril. Cresci numa família com disciplina militar, com regras e hinos, acho que seria um carrasco para o meu filho. Até para protegê-lo."

A falta de tempo para cuidar de um herdeiro tem lá suas razões. Piva é um dos arquitetos mais disputados pela *high society* carioca. Assina projetos em todo o Brasil. Carlos, além das atividades de estilista, é o titular da Coordenadoria Especial da Diversidade Sexual (CEDS) desde o fim de 2010. A militância em defesa dos direitos dos homossexuais levou-o a receber a Medalha Tiradentes da Assembleia Legislativa do Rio.

São as voltas que o destino dá. Sua família é toda de servidores públicos, de gente que dedicou a vida a servir ao país. E Tufvesson acabou recebendo uma comenda tão importante por defender as causas gays. "Ou seja, estou fazendo jus às tradições familiares."

Antes mesmo de exercer um cargo oficial, ele já deixava claro que não veio ao mundo à toa. Há 10 anos, criou o projeto "A moda na luta contra o HIV". A intenção era ajudar entidades que cuidam de soropositivos. Em 2010, surgiu a ideia de iluminar o Cristo Redentor de vermelho em 1º de dezembro, Dia Mundial da Luta Contra a Aids. O estilista não titubeou: procurou a arquidiocese e explicou a proposta. Acabou se tornando uma imagem internacional.

"Para fazer acontecer, a gente tem que acreditar. Nunca deixei de ter fé e de crer em Deus. Sei que Ele está em todas as coisas. O que as pessoas fazem em nome da religião é outro papo."

Tufvesson encontrou total apoio na arquidiocese ao falar de solidariedade às pessoas soropositivas: "Eles entenderam a importância do nosso trabalho e permitiram que o Cristo se iluminasse de vermelho para conferir maior visibilidade à campanha. As lágrimas que descem agora dos meus olhos simbolizam a dureza que é ser militante no nosso país. São portas que se fecham, ausência de recursos. Uma realização como esta é importante para muita gente no mundo, pessoas que carregam o fardo do preconceito e da exclusão por causa do seu estado sorológico."

Chegar tão longe nem passava pela cabeça daquele garotinho de 8 anos que saía do colégio e corria para o ateliê da mãe, a Maison d'Ellas. Ali, entre linhas, agulhas e tecidos, descobriu a vocação para estilista. Antes estudou teatro e esboçou uma reação meio rebelde àquele mundo de luxo. Aos 19 anos, usava batas indianas e sonhava viver os ideais do imaginário hippie dos idos de 1970. Daquela época, ficou o gosto por incensos, que ainda hoje espalha pela casa. Permaneceu também a certeza de que pequenos gestos podem produzir mudanças radicais.

No dia em que o STF aprovou a união estável para casais homossexuais, chorou ao se dar conta da importância daquele momento histórico para tantos cidadãos brasileiros à margem da cidadania.

"Até ali, éramos um nada aos olhos da lei. Se meu marido adoecesse e precisasse se internar, eu não poderia acompanhá-lo no hospital. Não seria considerado da família, apenas amigo. Isso me incomodava. Não acho que devemos ter mais direitos do que os outros. Mas, se temos os mesmos deveres, exijo os mesmos direitos que qualquer cidadão brasileiro."

Carlos e André se orgulham de "agir como qualquer casal". Sabem que a aceitação das respectivas famílias "é exceção" e acumulam histórias como a da prima do estilista, que, em seu casamento, fez questão de que ambos ficassem juntos no altar. O preconceito, se existe, é velado.

"Nas classes mais altas, preconceito está relacionado ao dinheiro. Nunca fui vítima de ato homofóbico. Sei que isso, infelizmente, é exceção. A realidade dos homossexuais brasileiros é bem diferente", explica o arquiteto.

Ao longo de 16 anos de vida em comum, com altos e baixos semelhantes aos de todos os casais, Carlos e André criaram o hábito de viajar para comemorar os aniversários de casamento. Também gostam de pequenas surpresas, sem se ligar muito em datas. Se a vida os fez acreditar que amor escrito nas estrelas é coisa de conto de fadas, não deixou que perdessem a esperança na imortalidade do sentimento que os une. Além de três alianças, carregam a mesma tatuagem com seus signos entrelaçados.

11

No fogo do inferno

JOACI

Não é difícil imaginar que a leitura de uma correspondência do maço que o bispo de Campanha recebeu naquele dia de março de 2009, de remetente até então desconhecido pelo destinatário, tenha feito o prelado balbuciar: "Jesus amado..."

Por meio da tal carta, uma ovelha nigérrima (o bispo logo adivinharia) – da vizinha Campos Gerais – não se contentava em comunicar seu desligamento do rebanho do Senhor depois de 44 anos. Reivindicava também a própria excomunhão.

Alternando português impecável e bom latim, o missivista solicitava seu "passaporte para o inferno" com base em "pecados" diversos. Um deles, ser gay.

O que a carta não revelava era que, por trás de tanta convicção no pedido de excomunhão e na sexualidade manifestada, havia mais uma biografia de um homem que descobrira tardiamente não fazer parte da terra dos homens de Marlboro.

Durante seus primeiros 30 anos de vida, o editor Joaci Pereira Furtado tentou se enquadrar nos preceitos da tradicional família mineira. Calado, tentava fugir das tentações.

Sua mais remota lembrança erótica, um pouco antes dos 10

anos, era de uma espécie de arrebatamento ao ver um policial fardado. "Aquilo mexeu comigo. Não tenho lembrança de culpa, já que não tinha noção do que se tratava."

O quinto filho de seu Dedé e de dona Teresa foi batizado Joaci por causa de um xará que se hospedou num hotel que seus pais arrendaram por um tempo. Depois de quatro filhos homens, dona Teresa conta que a gravidez, em 1964, finalmente traria uma menina. Chegou a montar um enxoval todo cor-de-rosa.

Joaci nunca parou para pensar se essa expectativa teria influenciado sua sexualidade. Nem chegou a procurar a psicanálise para descobrir as razões de ser homossexual. O que é certo para ele é que a mãe jamais cobrou virilidade dele ou de seus irmãos.

Campos Gerais, sim, exigia virilidade de seus habitantes. Nessa aldeia do centro-sul de Minas, perto de Alfenas e Três Pontas, a escola, a sociedade local e a Igreja cuidavam para que os rebentos machos evitassem desvios. Dentre os familiares, havia apenas um que pegava no pé de Joaci: "Ele tinha certa obsessão em sondar perversões sexuais variadas, no melhor estilo da fofoca alcoviteira de cidade pequena. Implicava bastante comigo, com meu andar, minha fala, meus hábitos e meus escritos, sobretudo na puberdade."

Em boa medida, esse familiar verbalizava em casa a repugnância coletiva pela bicha, pelo veado e por tudo o que dissesse respeito a sexo, visto como algo sórdido, pecaminoso e perverso.

Desde o tal dia do uniforme do PM até a adolescência, no breu da sala de cinema, Joaci se encantava com os heróis másculos e bonitos dos faroestes e de *Tarzan*. Era capaz de passar dias a desenvolver fantasias em que interagia com eles.

O menino não demoraria a entender que suas preferências traziam um risco imediato e insuportável: ser tachado de veado. Nas ruas de Campos Gerais, havia um exemplo vivo do que estaria reservado a quem se afastasse da seara da heterossexualidade. Ele recorda um "pobre coitado", bastante afeminado, que era objeto de todo tipo de insulto. Meninos lhe atiravam pedras e zombavam dele por onde passasse. Foi o primeiro gay que Joaci viu na vida, e o primeiro aviso a respeito do que o aguardaria caso se tornasse homossexual.

Restou a Joaci negar, reprimir ou sublimar a homossexualidade. Para isso, precisava de camuflagem, de proteção contra qualquer dedo acusador. Procurou a Igreja: "Compreendo os homossexuais que se tornam padres. O voto de castidade os protege de suspeitas e de cobranças, além de a profissão lhes multiplicar as oportunidades eróticas."

A aproximação do garoto à religião não foi tão natural quanto se poderia esperar. Ninguém na família era de bater ponto em igreja, nem mesmo aos domingos. O pai, aliás, embora não proclamasse sua descrença, era ateu e anticlerical entre as paredes de casa. A mãe, por sua vez, tinha um fraco pelo espiritismo de Alan Kardec.

Acabou levado à igreja por um irmão com o objetivo de fazer a primeira comunhão. Não foi preciso mais de um ano de catecismo para que se tornasse católico praticante. A súbita adesão não motivou qualquer palavra de encorajamento por parte dos pais e dos irmãos. O mesmo não se verificou com tia Elza, catolicíssima irmã de dona Teresa. Sua devoção e seu exemplo – "ela efetivamente se conduzia pela ética cristã do amor incondicional ao próximo" – foram fundamentais para que o sobrinho passasse a acalentar, aos 11 anos, a ideia de ser padre.

O apoio da tia e as constantes campanhas vocacionais da Igreja na escola pública reforçavam o desejo do menino. Ainda contava 11 anos quando prestou prova de entrada para o seminário de Campanha. Apesar de uma péssima redação sobre o tema exigido, "Por que quero ser padre?", foi aprovado para em seguida renunciar à vaga. A decisão não significava abrir mão do futuro como padre. Apenas adiava os planos. Tinha para ele que, enquanto mantivesse a perspectiva sacerdotal no horizonte, não haveria cobranças sexuais.

Joaci faz questão de lembrar que não buscou a Igreja como biombo para ocultar sua prática sexual. "Eu simplesmente não praticava sexo. Atravessei toda a adolescência e parte da juventude virgem, sem qualquer contato erótico. O discurso repressor da Igreja, modernizado pela recusa à banalização do sexo, convalidava minha virgindade."

A contradição entre o catolicismo repressor e sua pulsão homossexual acirrou-se entre os 15 e os 18 anos. Simultaneamente, chegava a hora de decidir o futuro acadêmico. As alternativas à opção sacerdotal, que perdia força, eram cursar uma faculdade, como os dois irmãos mais velhos, ou viver da agricultura, como outros dois irmãos.

Foi uma época difícil, em que se dava conta de sua crescente atração por homens. Uma atração que era acompanhada da repugnância pelo contato sexual. A situação piorava com o assédio de garotas, o que o deixava em pânico. Para se blindar, desenvolvia relações infantilizadas com as colegas. Já com os rapazes, a história era diferente. Mostrava-se um amigo simpático, ainda que não se expusesse. A dissimulação era eficaz: nenhum dos amigos se deu conta da natureza dessa simpatia.

A história da sexualidade de Joaci se divide em antes e depois da Universidade Federal de Ouro Preto (Ufop). Foi uma época de transformações rápidas para o rapaz do interior. O catolicismo exacerbado que o fizera pensar na carreira eclesiástica deu lugar – após ter assistido a poucas aulas de filosofia na faculdade – a um ateísmo convicto.

Apesar de todo o burburinho de Ouro Preto (e Mariana) e de um mundo novo que se descortinava, Joaci continuava com a vida sexual em suspenso. Ele se dava conta da atração homossexual, mas era incapaz de nomeá-la. Atravessou os quatro anos de ensino superior, em pleno "desbunde" pós-ditadura, "sublimando arrebatadas paixões por companheiros de universidade e nutrindo ambígua amizade" por uma colega que se apaixonara por ele: "Em termos bem simples, eu não queria ser gay. Mais que isso, não admitia a hipótese de que pudesse me relacionar com homens ou me interessar por eles, por mais que me sentisse atraído."

Tal preferência não impediu que sentisse atração, em menor intensidade, por "certo tipo de mulher". Mesmo com o sexo oposto, Joaci não conseguia ultrapassar a eterna barreira que se erguera diante dele. Hoje, 30 anos depois, justifica o eterno adiamento do encontro com sua sexualidade. "Anos seguidos de autorrepressão me exilaram nesse limbo, onde padecia uma sexualidade dilacerada."

Ao chegar desesperado e virgem aos 24 anos, o jovem resolveu dar um basta àquela vida marcada por total e não desejada pureza. Decidiu que era hora de partilhar a cama com uma mulher. À época, achou necessário "forçar uma experiência". Estipulada a missão, faltava o alvo. Já formado e morando em São Paulo, buscou no caderninho de telefones o nome de uma funcionária da universidade de quem chegara a ser estagiário. Era uma mulher mais velha, que se interessara por ele em Ouro Preto. Precisava ter sua iniciação sexual e não via outro modo a não ser seduzindo a mulher disponível mais próxima.

Joaci só não podia imaginar que a tal funcionária o havia escolhido com o mesmo objetivo: abandonar a virgindade. Foi um momento histórico na biografia de um e de outro o dia de janeiro de 1990 em que o sexo deixou de ser literatura e imaginação. "Foi desastroso pela inexperiência e pela ansiedade. O descuido foi tanto que sequer pensamos em preservativos. Não foi prazeroso. Ainda houve uma segunda vez, igualmente calamitosa, em Ouro Preto, ponto final do namoro", lembra.

Da experiência de três meses com a funcionária da Ufop, ele saiu não virgem, é verdade, mas com a mesma indefinição de antes. Não se realizara como hétero e continuava a achar abominável a ideia de ser gay. Mais cinco anos de castidade se seguiram. Joaci permanecia incapaz de experimentar os homens que tanto desejava.

Somente às vésperas de completar 30 anos decidiu que não poderia prorrogar a indefinição.

"Nomeei, enfim, o que era, o que sou. Foi uma atitude solitária, íntima, sem interlocução ou consolo. Jamais tocara no assunto com alguém. Reconhecer-me como homossexual, ainda que liquidasse a fatura da sexualidade mal resolvida, me expunha a problemas inéditos: 'Como serei daqui para a frente?', 'Como é fazer sexo com homens?', 'Onde encontrá-los?', 'Todos perceberão que sou gay?'..."

Outro dilema dizia respeito à sua imagem pública. As altas doses de homofobia ministradas nas montanhas das Gerais desde criança lhe haviam ensinado uma lição: o sujeito podia até ser gay, mas parecer um... jamais! E foi assim, verde, imaturo, que buscou sua primeira história amorosa sob a nova sexualidade.

Da mesma forma como havia ocorrido com a tentativa de abraçar a heterossexualidade, foi buscar outro nome do velho caderninho de telefones. O escolhido foi um amigo de adolescência – gay assumido – que morava em São Paulo. Ele foi o primeiro a quem declarou sua condição. O amigo não se surpreendeu. Nem os demais com quem se abriu a partir dali. "Só eu acreditava na invisibilidade de minha pulsão homossexual."

No dia seguinte à primeira vez com um homem, os sentimentos eram de culpa e perda. "Sem saber", diz, "estava de luto pela heterossexualidade irrevogavelmente recusada".

Mas essa fase passou, e Joaci estava disposto a "experimentar a radicalidade" de sua escolha: "Eu simplesmente abrira o dique de contenção do meu desejo, que agora cobrava a fatura de sua repressão e acenava com o risco de prováveis inundações."

Entre o primeiro e o segundo homem passou-se não menos que meio ano. Um empurrão tecnológico viria acabar com a inércia. Era o tempo em que os encontros via internet começavam a se difundir. Ele descobriu os bate-papos, em 1996, o que multiplicou as oportunidades de encontro. Até então, os tradicionais espaços de sociabilidade gay eram restritos. E Joaci não frequentava saunas, bares ou boates.

"Jamais os frequentaria, assim como nunca contrataria os serviços de um garoto de programa. Ainda hão de medir quanto os chats foram libertadores para os homossexuais."

Acima de tudo, havia o temor da aids. Joaci confessa que o risco de contrair a doença o conteve diante de aventuras mais inconsequentes. Paradoxalmente, não teve os mesmos escrúpulos em relação às conquistas pela internet.

A rede também lhe abriu a possibilidade de formar seu primeiro círculo de amizades homossexuais. Hoje, passados mais de 15 anos, ele acredita que crescer num mundo sem referenciais senão os do estereótipo – como foi o seu caso e o de uma maioria de homossexuais – é ao mesmo tempo "cruel e fascinante."

"Se não temos aquele roteiro seguro e natural nos ensinando a ser o que somos, podemos decidir como ser."

Joaci admira a abordagem da psicanalista mexicana Marina Castañeda sobre a "liberdade de conquistar a própria homossexualidade": "Podemos aderir a comportamentos autorizados e até estimulados, que adestram o homossexual dentro do modelo gay. O adestramento o incorpora, sobretudo como consumidor de roupas de grife, danceterias GLS, academias de musculação, *fashion weeks* e, claro, uma amiga hétero para consolar no divórcio, falar de homens e fazer compras. Uma espécie de poodle falante. Mas podemos ser de incontáveis modos. Creio que assim é com a maioria dos homossexuais."

O momento de revelar à família o que escondia desde a mais tenra idade foi aos 34 anos. Primeiro contou ao irmão mais próximo. A reação foi tranquila e respeitosa.

Com a mãe, só se abriria um ano mais tarde. Já namorava Fábio, seu atual companheiro. Bastou surgir o tema "homossexualidade" na conversa com dona Teresa e já disparou a confissão. Econômica com as palavras, como se espera de uma mineira, ela só comentou: "Sempre respeitei seu silêncio." E não disse mais nada.

"Eu é que descambei a me justificar, dizendo que não aderira àquilo que todos entendem por bicha ou veado. Minha mãe não emitiu qualquer juízo, reparo, objeção ou censura. Apenas ouviu."

Com a mesma discrição, dona Teresa responderia à consulta de Joaci sobre se poderia levar Fábio na próxima visita a Campos Gerais: "Não!" Não era difícil entender os motivos. Ela temia que os Pereira Furtado não contemplassem o filho e o namorado com a mesma tolerância.

Diante da reação, Joaci se sentiu rejeitado e profundamente magoado com a mãe, a ponto de não querer mais vê-la. Só depois soube que comentários negativos de alguns dos irmãos, além do aguerrido machismo de seu pai, fundamentaram os temores de dona Teresa de que fossem hostilizados. Mas não foi o que aconteceu.

O certo é que, desde 2001, o casal visita Campos Gerais regularmente e, após a morte de seu Dedé, encontra sempre uma cama de casal à sua espera. Há mais de uma década juntos, mantêm o que se pode chamar de casamento sólido.

Nem sempre foi assim: "Mesmo nos primeiros dois anos de namoro com Fábio, não observamos exclusividade sexual. Ambos éramos emocionalmente imaturos e, como tantos outros gays, não acreditávamos na perenidade de um relacionamento entre homens. Já tivemos crises que nos levaram a duas breves separações, para retomarmos em seguida nossa história."

Joaci confessa não ter ideia do número de homens com quem transou, mas vê em todos os amantes anteriores a Fábio experiências que seriam próprias da adolescência não vivida.

Voltando à carta enviada ao bispo de Campanha, o que motivou o editor e ex-candidato a padre a escrevê-la não foi a homossexualidade, mas a atitude do então arcebispo de Olinda e Recife, dom José Cardoso Sobrinho. Ele havia confirmado a excomunhão da mãe de uma menina de 9 anos, estuprada pelo padrasto, e do médico que fez o aborto dos gêmeos sob a justificativa de que os maiores criminosos eram os responsáveis pela interrupção da gravidez!

Joaci utilizou um modelo de carta de protesto contra a decisão do religioso do Nordeste que circulou pelo Brasil inteiro, amealhando subscritores diversos. Ele explica: "Aquilo me indignou de tal maneira que, ao receber o modelo, adaptei-o ao meu caso e o remeti ao bispo com cópia para o tribunal eclesiástico da diocese de Campanha. Com certeza foi meu atestado de óbito para a Igreja Católica Apostólica Romana, último gesto de rebeldia contra uma instituição que é hoje completamente ausente da minha vida. Foi meu 'passaporte para o inferno', onde espero juntar-me a boas companhias."

Ele enviou a carta para Campanha e resolveu tornar pública a iniciativa com uma nota veiculada no jornal *O Globo*. Pelo gesto, mereceu congratulações de todos os cantos do país. Também recebeu proposta do bispo de Campanha para uma entrevista em seu palácio. Joaci respondeu que aceitava e que ficava à espera da definição da data do encontro por parte do prelado. Depois disso, a história ganhava nova nota no *Globo*.

"Nela estava escrito que eu iria ao evento acompanhado para o caso de me ver instado a escolher literalmente entre a cruz e a fogueira. Houve um longo silêncio, até que resolvi ligar para lá. O curioso é que bastou o telefonema para que me chegasse por Sedex, em um ou dois dias, a carta de dom Diamantino Prata de Carvalho, sancionando meu pedido e me dispensando do encontro. Até onde se sabe, é a primeira excomunhão por Sedex em 2 mil anos de Igreja."

12

A vida é uma festa

HAROLDO ENÉAS

Nascido em Niterói, filho de pai criado em Barretos, terra dos peões de boiadeiro que promove a festa mais famosa do mundo no gênero, Haroldo Enéas temia não escapar do estigma de ser gay. Hoje, aos 48 anos, o bem-sucedido produtor de eventos lista raros momentos de preconceito e segregação.

Ele não gostava de jogar futebol. Preferia jogar queimado com as meninas. Sempre se achou diferente, mas não sabia explicar por quê: "A visão de bicha, de veado, naquela época, era a do cabeleireiro da minha mãe, a do Clóvis Bornay, a do Clodovil, a da figura caricata. Não conseguia imaginar que podia ser homem e gay."

Ele faz essa observação sentado na cadeira Egg, de couro amarelo, que contrasta vivamente com as paredes pretas da sala, contornadas por rodapé branco de 50 centímetros.

"Ser gay não é opção. Eu não escolhi, 'quero, não quero'. Ser gay é coisa que nasce com a pessoa. Minha escolha é buscar a felicidade", filosofa.

Haroldo sofreu *bullying* – sem saber que isso existia – no conservador Instituto Abel, quando tinha cerca de 10 anos. Dois irmãos gêmeos o perseguiam implacavelmente: passavam e esbarravam para derrubá-lo, implicavam, ameaçavam.

Enquanto conta, ajeita o tripé de ferro do cinzeiro de Murano que a empregada dispôs de cabeça para baixo após a limpeza da sala.

Um dia, já rapazote, aos 14 anos, escondido atrás da porta, Haroldo Enéas ouviu o pai bradar em discussão com a mãe: "Prefiro um filho morto a um filho gay." Ao que a mãe, soberana, retrucou: "Pois antes de matar seu filho, você vai ter que me matar."

Foi um dos raros momentos de conflito familiar causado pela decisão de assumir a homossexualidade. Enéas recorda que a ficha caiu diante da pergunta de um amigo do curso de modelo, iniciado aos 15 anos:

— Você é entendido?

— Em quê?

Ele não sabia dizer ao certo ainda. A convivência com os dois irmãos mais velhos — héteros — e os paparicos da mãe e das tias foram decisivos. Três anos mais jovem do que os irmãos, sempre queria acompanhá-los, mas não podia. Ficava em casa, chorando, e a mãe e as tias o mimavam para que esquecesse.

O trabalho a que recorreu aos 15 anos permitiu traçar os primeiros passos de homossexual assumido e digno do afeto e da admiração que o envolvem até hoje. Escondido de todos em casa, conseguiu um emprego como vendedor da primeira loja Phillippe Martin aberta em Niterói. "Eu já compreendia que havia algo diferente em mim e pressentia que precisaria de meios para sobressair".

Aos 17 anos foi pela primeira vez a uma boate gay e ficou assustado quando viu um homem beijando outro. Achou "um horror".

Aos poucos, porém, foi se soltando. Mesmo assim, teve muitos problemas com namoro no início. Enéas, tão jovem e já trabalhando, conhecia novos parceiros. As relações não ultrapassavam dois meses.

"Ficava um tempo, mas não assumia. Os namorados queriam passear, jantar, carinho, amor. Eu ainda não podia. Dos 17 aos 20 anos, não me adaptei aos ambientes e às pessoas gays. A maioria dos meus amigos era heterossexual e assim é até hoje, sem preconceitos, graças a Deus!"

Fashion, vaidoso, Enéas abre os gavetões do armário do quarto. Um para as 50 gravatas. Outro para os mais de 20 pares de óculos. Um terceiro onde ficam 32 relógios. Na parede, acima da cama, um quadro de Raphael Vicente retrata o bairro de São Francisco.

Enquanto os irmãos cursavam a universidade, ele se lançou da loja de Dico Ramalho para as páginas dos jornais da cidade. Passou a editar moda: "Fui aparecendo e adquirindo mais segurança e respeito. Hoje o gay que depende financeira e moralmente da família vai tentar se anular. A maioria, em vez de se assumir e ser feliz, tenta levar vida dupla, enganando a mulher em casa e a si mesmo. Se eu contar a meu pai, hoje, que o ouvi dizer que preferia um filho morto a um gay, ele vai garantir que não se lembra. Vai preferir não lembrar, porque conquistei meu direito, mostrei a ele e a todos que sou feliz do jeito que sou. Se fosse um fracassado, as coisas seriam diferentes."

Cercado pelos objetos que traz das viagens, pega com orgulho a base preta de Murano e o pó de ouro do abajur na cômoda de madeira de mais de 200 anos, presente de família. E arrisca um conselho aos gays: "Trabalhem! Corram atrás do sucesso no trabalho, porque nossa vida é nosso trabalho. São as conquistas pessoais e intelectuais. É preciso ser honesto, ter postura digna, não assediar, não ser promíscuo, porque a promiscuidade acaba com a credibilidade. Um hétero cansa de fazer isso, de trair, de ser safado. O gay, se fizer o mesmo, é rotulado."

Enéas garante que nunca foi seu caso. Jamais deixou de fazer algo ou de entrar em algum lugar por ser gay. "Sou muito alegre e espontâneo. Talvez por causa da minha profissão; meu nome é meio que uma mensagem. Levo alegria às pessoas, festejo a vida."

O curioso é que, apesar de empenhado em buscar a independência financeira e o reconhecimento profissional, ele demorou para perceber que a festa sempre esteve em sua vida. Diferentemente dos irmãos, em vez de presentes nos aniversários, preferia dar festas, pois isso o deixava importante naquele dia. Começou, então, a produzir as próprias festas e daí para as dos amigos foi um passo. Até que um dia teve um estalo: "Por que lutar para ser editor de moda se posso fazer festas?" Aos 23 anos, produziu a primeira, de arromba. Mil pessoas aglomeradas na boate Aquarius, em Niterói. Festa com direito a desfile de moda e aparelho de raio laser em um show de Roberto Carlos. Em pouco tempo, era o maior produtor da cidade.

A homossexualidade assumida e bem resolvida manteve Enéas solteiro por um longo tempo. Apenas aos 34 anos saiu de casa para morar com o primeiro grande amor de sua vida. Em seguida, namorou por oito meses um ator famoso. Depois morou sete anos e meio com um rapaz 16 anos mais jovem.

"No meu primeiro relacionamento, alugamos o apartamento de uma tia (sempre as tias!), tipo: 'paga o condomínio que tá bom.' Descobri a vida a dois. Difícil. Dois homens convivendo no dia a dia era algo novo. Não tem o passivo e o ativo. Não tem o homem e a mulher. São dois passivos e dois ativos. Na hora do conflito, dois homens brigando. Só com a idade a gente amadurece e percebe que ficar quieto, nessas horas, é questão de qualidade de vida."

A crise chegou, porém, implacável. Foram seis meses de dor e depressão, exigindo plantões das amigas, que se revezavam para que ele não ficasse sozinho. Apesar de Enéas ter se decidido pelo fim da relação, foi muito sofrido. Seis meses depois, superou tudo e passou a conhecer o que é viver sozinho: "comer o que quiser, sair quando tiver vontade, assistir ao filme que quiser." Voltou, por dois anos, à intensa solteirice.

Até que, em julho de 2008, um amigo insistiu em levá-lo a um jantar e apresentá-lo a alguém muito especial. Só que esse tal alguém levou um amigo ao evento, e então o arquiteto Marcelo Espíndola, 34 anos, atual parceiro de Enéas, roubou a cena.

"Ele conta que, quando me viu entrar, sentiu um baque. E ele era hétero! Estava separado da ex-mulher havia dois meses, após um casamento de 12 anos sem filhos. Que sorte!"

Só no dia seguinte ao jantar foi que a história começou. Enéas tinha uns 20 convites para o show de Boy George numa boate gay do Rio. Seguiu para lá. Na pista de dança, uma mão decidida tocou-lhe o bumbum. Virou-se e... Ah!... Marcelo, sorridente, se revelava.

"Você não é hétero? O que está fazendo aqui?", ainda perguntou Enéas.

Da boate à casa de Enéas foi um pulo: "Ficamos. Ele veio aqui para casa e pensei que seria mais um em meio à minha solteirice. Nunca mais saiu... É muito família, doce, uma pessoa que está me equilibrando e que gosta de mim. Estamos pensando numa união estável. Acho que nas relações homossexuais os parceiros são mais amigos do que as mulheres nas relações heterossexuais."

13

A Baronesa

DEISE

Quando Deise conheceu a "Baronesa", já tinha vivido diversos amores. Eram sentimentos delicados, que anunciavam a grande paixão de sua vida, aquela que iria mudar para sempre o seu sentido de união familiar. Mas por que "baronesa"? Deise sorri e responde: "Porque ela só fica em casa, cuidando de tudo. É um apelido carinhoso."

Deise Lúcia Ricardo Reis, 47 anos, é despachante de uma empresa de ônibus, casada com Celi Silva de Souza, 51 anos.

Elas estão juntas há 25 anos. Quando se conheceram, o coração de Deise foi o primeiro a bater mais forte. Trabalhavam no mesmo hotel, Deise na recepção, Celi na arrumação. Na época, Deise estava desiludida com o amor, vivia um relacionamento difícil com uma mulher que tinha sido prostituta. Achava que, se namorasse moças de família, não iria dar em nada. "Então decidi pegar mulheres na rua. Foi aí que conheci essa ex-prostituta, que fez tanto mal ao meu coração. O auge do problema aconteceu quando descobri que ela escondia drogas em casa. Mandei-a embora." Naquele momento, já sonhava com a Baronesa.

Celi também vivia um relacionamento conturbado com o ex-marido. A filha deles, Carla, tinha 2 anos quando ela conheceu Deise. "Ela não era lésbica, tinha vivido somente relacionamentos héteros", conta.

A despachante a convidou para tomar um suco e fez sua proposta: estava apaixonada e queria cuidar dela e da menina. Celi pediu um tempo para pensar, achando que a outra ia desistir, mas ela perseverou. Primeiro conquistou a filha, depois a família, até chegar ao coração da pretendente.

Na incerteza da relação com Deise, Celi ainda estava com o ex-marido e acabou engravidando.

"Disse que não tinha problema, que cuidaria das duas crianças. Sem que eu soubesse, o ex levou-a para fazer um aborto. Quando ela ficou muito mal no hospital, a família me contou o que tinha acontecido. Fui procurá-la, com um buquê de flores. Celi chorou muito. Foi uma atitude impensada, desespero de quem já tinha uma filha e ganhava pouco", explica Deise.

Depois de tantas intempéries, Deise e Celi decidiram ficar juntas. Na tentativa de ganhar um pouco mais, Deise aceitou o emprego de trocadora numa empresa de ônibus. Como era professora primária, foi difícil se acostumar com o trabalho. Mas elas precisavam de dinheiro para mobiliar a casa que construíam no terreno da irmã da Baronesa, em Nova Iguaçu. "Queria dar o melhor para a família que começava a formar", prossegue Deise.

Deise passou oito anos como trocadora e é despachante há 10. Apesar do meio masculino, todo mundo a respeita. Neste ano, o casal comprou um terreno perto da casa da irmã de Celi e ambas estão felizes com a perspectiva de maior privacidade.

"Nossa casa está sempre cheia. Eu, Baronesa, Carla, meu irmão e a filha dele, fora os amigos. Amo minha família, às vezes falta apenas um pouco de sossego para namorar", brinca Deise.

Foi justamente a falta de oportunidade para estarem juntas que fez a despachante trair a companheira, há dez anos: "Confesso que errei. Foi por vaidade. Estava no trabalho e uma moça deu em cima de mim. Ela vendia comida perto do ponto do ônibus. Era uma mulher alta, bonita, mas eu disse que não gostava de coisa grande. Mulher, para mim, tinha que calçar pelo menos 33 e a mão, caber dentro da minha. De vez em quando, a gente conversava e os colegas do trabalho marcavam em cima: 'Aí, Gordinho...', que é meu apelido".

No início, Deise se sentiu culpada. Depois achou que a companheira não arrumava tempo para ela e deixara espaço para outra pessoa. A verdade é que, morando numa casa com tanta gente, elas quase não conseguiam ficar sozinhas. Deise achava que Celi tinha que arrumar esse tempo, então começou a ficar muitas horas fora, com a outra.

"Mas mulher é tudo igual: no início não quer nada, depois exige cada vez mais. A Baronesa começou a desconfiar. Um dia, descobriu. Na briga, deixei-a extravasar a raiva. Ela me unhou, queimou tudo o que eu tinha, mas depois comprou tudo novo. Até hoje ela remói o caso, mas já lida melhor com a história. Outro dia falou: 'Não vamos separar, não. Comeu a carne, agora rói o osso.' Nunca mais traí, a gente tem que ser inteligente, não é?", ensina a trocadora.

Se todo mundo no trabalho sabe que Deise é lésbica, não é diferente na vizinhança de casa. De todo modo, o casal prefere não trocar carinhos em público. "É nossa postura, acho que o direito de um termina quando começa o do outro. Baronesa é muito caseira, quase não sai. Vamos ao mercado juntas, nunca tivemos problemas", relata.

Que se lembre, sofreu preconceito declarado em apenas duas ocasiões. Aconteceu no ambiente de trabalho, apesar de ser uma pessoa querida na empresa. Na primeira vez, ainda era cobradora. Como se parecia com outra funcionária, uma colega perguntou: "Você é irmã de fulana?" Deise respondeu: "Claro, somos todos filhos de Deus." Nesse momento, um despachante, evangélico, falou:

"Deise, eu sou filho de Deus. Agora, você, não sei." Ela preferiu não responder, por mais que tenha ficado sem graça. Hoje, ele ainda trabalha na empresa, mas desde então não tiveram outros problemas.

Em 2011, aconteceu outra situação que deixou Deise constrangida. Um grupo de funcionários conversava sobre casais que não se desgrudam, tipo Cosme e Damião, quando um deles falou: "Parceiro não, parceiro é ladrão e homossexual." Dessa vez, Deise respondeu na hora: "Você sabe que pode ser preso por falar isso? Você está relacionando bandido a gay. Cuidado com o que fala."

"Hoje a gente já pode se defender. Senti que ele ficou morrendo de medo", lembra Deise.

Afora os episódios mencionados, nunca aconteceu nada mais grave com ela. "Todos me tratam muito bem, até brinco com eles. Pergunto: 'Você é homofóbico?' Quando negam, respondo: 'Porque eu sou gay, tá?' Outro dia, disse que iria me aposentar antes deles: 'Rapazes, tenho que fazer valer meu lado mulher!' Além de gay, sou mulher e chefe deles, mas resolvemos nossas questões na sinceridade, cara a cara", conta ela.

Deise descobriu a homossexualidade aos 7 anos e demorou a se aceitar. Sentia desejos, mas não imaginava que pudessem se realizar. Certa vez ficou interessada em uma menina e ela correspondeu: "Nem acreditei. Mas resolvi me esquivar. Pensava: 'Elas que são o perigo, melhor me afastar'."

Ela começou a brincar com os meninos, já que boneca não era sua praia. A mãe não percebia nada, mas as tias alertavam para seu comportamento. Segundo elas, não era comum uma menina portar-se assim. Mandaram Deise para o psicólogo achando que suas ações eram provocadas pela separação dos pais.

O auge da crise aconteceu quando tinha 15 anos e a família decidiu fazer uma festa de debutante. Deise disse que não queria, que nem tinham dinheiro para isso. Insistiram para que colocasse um lindo vestido, fizesse maquiagem e pintasse as unhas.

"Mesmo sem vontade, acabaria fazendo essas coisas. Sou uma pessoa bem resolvida. Sou mulher, só não gosto de homem. Mas a festa acabou não acontecendo. Em outra ocasião, minha avó insistiu que fosse de saia à escola. Fui, para agradá-la. Minha namorada na época achou estranhíssimo. Minha avó dizia que iria morrer porque eu não queria me comportar como menina. Eu respondia: 'Pode morrer, não vou mudar!' Eles acabaram vencidos. Estou há 25 anos com a Baronesa. Nunca envergonhei minha família, nunca expus ninguém. Não acho justo, por exemplo, um casal gay adotar uma criança e expô-la ao preconceito. Não acho legal gays e lésbicas se beijando na rua. Para mim, é constrangedor. Acho válida a luta pelos direitos civis, mas tem gente confundindo homossexualidade com orgia", reclama.

Deise é discreta quando fala da sua primeira vez: "Não sou a favor de brinquedinho sexual, porque assim estarei induzindo minha mulher a procurar um brinquedo de verdade. O pombo ganha a pomba como? Rodeando, não é? Eu faço isso. O amor envolve você. O homem perde muito ponto porque pensa só na penetração. A mulher não, ela se envolve no carinho. Se o homem fizesse as duas coisas, seria o super-homem", ensina.

Há dois anos, quando a mãe morreu, a despachante encontrou na família apoio para sua dor. Baronesa foi a primeira a ser informada, pois todo sabiam que Deise, muito ligada à mãe, iria sofrer demais.

"Minha mulher me ligou, pediu para eu ir para casa. Chorava já no ponto do ônibus. Pressentia que alguma coisa tinha acontecido. Ela teve o cuidado de me dizer pessoalmente. Nessa hora é que a gente vê que tem família e eu tinha a família que construí. Refleti que todas as cabeçadas que dei na vida foram debaixo das asas da minha mãe. Só me afastei dela para ficar com a Baronesa. Parece que o destino estava preparando tudo para que eu tivesse alguém ao meu lado quando minha mãe fosse embora. Baronesa é a mulher mais maravilhosa do mundo", declara-se Deise.

14

Fé na luta

VICTOR ORELLANA

Victor Ricardo Soto Orellana é pastor evangélico desde 1998. Chileno de 39 anos e professor de espanhol, membro da Assembleia de Deus até 1996, foi criado com rigor pela família protestante em São Paulo, para onde se mudou aos 8 anos.

Temente a Deus, procurou esconder e lutar contra sua orientação sexual por acreditá-la uma aberração. Sofreu agressão física e enfrentou a segregação de policiais para dar queixa, mas nada o impediu de se declarar o primeiro pastor gay do Brasil. Mais do que isso, fundou uma igreja cristã aberta a homossexuais, a Acalanto, na qual são traçadas as linhas precursoras do que é chamado por seus frequentadores de "teologia homossexual" ou "de inclusão".

Nasceu em setembro de 1971, em São Bernardo, na Grande Santiago. Victor é filho de um metalúrgico e de uma dona de casa e tem cinco irmãos. Ele afirma com tranquilidade que desde criança sabia da sua diferença: "Essa consciência tornou-se mais difícil, mais sofrida, na adolescência, porque as crianças são cruéis, não perdoam, cometem *bullying* e ninguém quer sofrer discriminação. Até expressar meus sentimentos, meus irmãos não falavam sobre isso. Cada um de nós levava a própria vida."

Por volta dos 25 anos, ele tornou sua orientação homossexual pública e se converteu em ativista da causa. Victor desconfia que seu pai, ao morrer, em 1995, mesmo nunca tendo falado sobre isso, já sabia que o jovem era homossexual. A mãe sempre o acolheu: "Acho que as mães têm consideração pelos filhos, sentem amor incondicional, maior que o dos pais. O pai é mais severo, mais juiz, mais rígido no sentido do regimento, da moral social. A mãe, não. Ela é mais coração. É o equilíbrio. Minha mãe é religiosa, protestante, e, mesmo assim, acolhe e respeita minha condição."

Ele vivia o inferno de acordar dia após dia para combater o que sentia e o que era de fato. Aos 18 anos, acreditava que seus sentimentos eram coisa do demônio e que seu dever "como boa pessoa" era derrotar o que considerava um inimigo: seu próprio desejo.

Victor jamais podia relaxar e ser ele mesmo. Precisava estar alerta para dar conta de seu papel, como se vivesse uma constante encenação: "Eu escondia, porque pensava de acordo com o que a Igreja me ensinava a pensar. O fato de não assumir essa tendência seria um sacrifício feito para Deus. Procurava adotar a postura heterossexual. Pensei até em me casar."

Ele frequentou igrejas evangélicas desde criança, da Assembleia de Deus à Universal. O conflito interior crescia conforme se descobria homossexual. Na verdade, Victor sempre soube, mas tinha dificuldade de se assumir. O medo, a incerteza e a resistência vinham do fato de que rejeição, exposição e humilhação pública constituíam a maneira de muitas igrejas de lidar com a homossexualidade.

"Os gays saem despedaçados das igrejas, em frangalhos. Eu também me sentia assim. Minha vida não tinha um propósito. Não havia perspectiva alguma. Certas igrejas ainda têm essa postura. Dentro delas há muita gente que pensa ser necessário lutar contra isso", relata Victor.

O pastor acrescenta que algumas igrejas submetem seus integrantes gays a "terapias" pretensamente capazes de curá-los da "doença". O processo é considerado "reorientação sexual". As igrejas promoviam uma espécie de cura, como se faz nos grupos de libertação das drogas. Coisas assim, diz ele, "existiam aos montes nas igrejas evangélicas". Ocorriam até casos de exposição vexatória. Os líderes anunciavam: "Fulano não pertence mais à igreja, porque é homossexual, porque pecou." Depois da execração pública, se voltasse à igreja, seria discriminado. "As pessoas, às vezes, ficavam sabendo que não eram mais membros por outras, nunca havia conversa direta com elas", conta.

Victor reconhece o conforto encontrado, ainda na década de 1990, em palestras e atividades promovidas por grupos de ativistas gays. Isso fez com que se afirmasse homossexual, apesar da formação hostil àquela orientação sexual. Reconfortante foi descobrir que havia uma corrente dentro de sua religião que permitia a convivência harmoniosa. Diante disso, sua consciência como homossexual foi pouco a pouco ganhando força e se firmando.

Até então, o pastor sentiu o desespero de se achar uma pessoa errada. Por tudo isso – ou apesar de tudo –, Victor fez bacharelado em teologia no Instituto Bethel, ligado à Assembleia de Deus, onde cursou seminário teológico e foi consagrado pelo pastor Nehemias Marien, da Igreja Presbiteriana Unida, em Copacabana, Rio de Janeiro.

"Sua igreja foi vanguardista. Ele acolheu os gays sem tentar mudá-los. A igreja de Marien aceitava homossexuais como gente normal, como filhos de Deus."

As palavras de Marien ajudaram a acreditar em gays convertidos na fé. Para sua autoestima, foi fundamental encontrar apoio em pensamentos diferentes daqueles das igrejas que frequentava. Victor concluiu que Marien pensava como ele e ouviu dele que o consagrava pastor para que fundasse um ministério alternativo. Assim, em 2003, surgiu a Igreja Cristã Acalanto.

"Recebi ordenação especial não para entrar numa religião já existente, mas para iniciar um novo grupo. Minha missão era tentar lidar com a comunidade gay. A Acalanto, no começo, teve sede em Santana, São Paulo. Agora não temos mais espaço físico, mas comunidades que funcionam nas casas dos seguidores. A igreja existe enquanto comunidade de formação evangélica, porém tem tendência universalista, é aberta a todos. E já se dividiu em outras igrejas, como ocorre comumente no protestantismo."

A Acalanto não se propõe a ser exclusiva para gays. A ideia é que seja uma comunidade para todos, independentemente de qualquer formação religiosa ou orientação sexual. "Não queremos carregar o rótulo de igreja gay. Queremos ser uma igreja aberta, que agregue", explica o pastor.

Depois da consagração, mais fortalecido, Victor enfrentou situações preconceituosas: "Um dos momentos mais difíceis foi quando resolvi assumir a causa e lutar por ela. Ao ser consagrado pastor, recebi muitas críticas, chegaram a me ameaçar por e-mail. Fui chamado de pastor de Sodoma, de pastor infernal. Isso em muitas publicações evangélicas. Mas o fato de assumir a causa me dava força. Eu sabia que iria sofrer retaliações e preconceito, mas a partir dessa consciência me dediquei à reconstrução da minha autoestima."

Victor, que sempre ganhou a vida como professor, além de exercer a função de pastor evangélico, também já sofreu violência física. Fala da angústia de quem é vítima e ainda assim não é beneficiado pela defesa prevista em lei. No dia 2 de março de 2008, ele foi agredido por um homem em uma praça em Santana, perto da avenida Dumont Villares, na Zona Norte de São Paulo, onde conversava com um amigo. Na luta para se defender, quebrou um dedo. Passou 20 dias engessado.

Não foi esta a dor maior. Os policiais conversaram com ele e com o indivíduo que o agrediu tratando o caso como briga de bêbados num bar. "Foi o que me magoou de verdade", explica. Depressão e síndrome do pânico vieram na esteira do sentimento de impotência e de desamparo, mesmo que teoricamente protegido por lei. "Fiquei muito nervoso naquela época. Ele me mordeu e me atacou com uma pedra pelas costas, foi bem covarde", explica.

As lesões, inclusive as causadas pelos dentes do agressor nas costas de Victor, foram depois registradas em exame no Instituto Médico Legal, graças à insistência do pastor em lutar por justiça, mesmo diante da primeira derrota, perante os policiais.

"Eu me senti inseguro. Fui até a polícia, fizeram pouco-caso porque sou gay. Isso me deixou mal. Eu me senti desprotegido, como se não fosse cidadão. Viram-me machucado, sangrando, e me dispensaram. Numa situação dessas, os policiais teriam que me socorrer", ressente-se.

A frustração não o imobilizou. Victor registrou o boletim de ocorrência na Delegacia de Crimes Raciais e Delitos de Intolerância e depois foi até a Corregedoria em busca de seus direitos. A superação não foi fácil nem rápida. Morador de Itaquera, Zona Leste da cidade, Victor ficou deprimido nos primeiros meses após a agressão e deixou de ir a locais frequentados por homossexuais: "A gente vai a esses lugares em busca de candidatos a uma vida afetiva. Os homossexuais ainda não se sentem bem namorando em qualquer lugar. A comunidade gay é obrigada a frequentar guetos em São Paulo, como, por exemplo, as praças de alimentação de shoppings. Há também praças públicas, como a do Arouche, onde a predominância é de gays. E lugares que concentram uma maioria de bares e boates gays. São guetos assim que os homossexuais procuram."

Nem mesmo a restrição da liberdade de ir e vir é garantia de respeito ou de segurança. A praça onde foi atacado estava vazia na noite do ocorrido: "Acho que foi por isso que o homem resolveu nos agredir."

Ele acredita que, se estivessem em maior número, a história seria diferente: "Passei ali, encontrei um amigo e o outro se achou no direito de me ferir. O discurso do agressor tinha conotações moralistas, religiosas, tipo 'aqui moram famílias!'. Mas o ataque foi além da ofensa verbal. Primeiro, foi a discussão. Aí, houve a briga. Ele me agrediu fisicamente, mordeu minhas costas. Tentei me defender e acabei quebrando um dedo da mão direita. Ele era forte, maior do que eu, e tinha uns 33 ou 34 anos. Atitude muito covarde e doentia."

O susto afugentou um provável companheiro. O amigo que conversava com o professor fugiu na hora em que ele foi atacado. Victor nunca mais o viu. Acredita que o rapaz ainda tentava aceitar a própria orientação sexual e ter passado por aquela situação pode ter sido determinante e penoso: "Depois ele desapareceu, sumiu. Acho que se sentiu acuado. Com muitos gays é assim: eles mesmos se discriminam. É o caso de alguns gays em processo de inserção social. Não têm bagagem cultural nem emocional para lidar com a questão. Não se julgam merecedores de dignidade. E atitudes como a que sofri reforçam esse equívoco na cabeça de muitos deles. O processo de aceitação é longo, não acontece de uma hora para outra."

Encontrar forças na mobilização e exigir os direitos de cidadão estão entre as recomendações do pastor para vencer a discriminação e a homofobia: "Quando meus direitos são violados, sinto-me no dever de fazer alguma coisa para que outros não sejam discriminados e maltratados como fui. A polícia aqui em São Paulo parece que ainda não se atualizou no que se refere aos direitos dos grupos sociais. Acho positivo que existam entidades de defesa, mas falta educação geral para a diversidade. Queremos que os gays assumam sua identidade e tenham seus direitos reconhecidos. E que qualquer lugar sirva para se encontrar e demonstrar afeto. A gente comprou uma luta, a luta em favor da dignidade humana, dos direitos humanos. O que aconteceu comigo nos dá mais força e mostra que estamos no caminho certo. Propomos acabar com essas atitudes antissociais, com tudo o que oprime e reprime o ser humano, seja racismo, homofobia, misoginia ou *bullying*."

15

Homossexualidade: opção ou condição de nascença?

GLECCIANO LUZ E RODRIGO GOMES

Símbolo das famílias prósperas da década de 1940, o pinguim encarapitado no alto da geladeira do apartamento em Ipanema é visto pelos donos da casa, Glecciano Luz, 45 anos, e Rodrigo Gomes, 32, como marco da conquista de um casamento feliz. Presente de um amigo que ficou impressionado com a delicadeza da relação mantida há 10 anos, a ave de cerâmica simboliza, para eles, a construção diária de uma vida a dois com base em valores tradicionais: fidelidade, companheirismo e amor pela família.

Empresários, cabeleireiros e moradores de Ipanema, eles passam um com o outro as 24 horas do dia, todos os dias da semana. Moram, trabalham, malham e frequentam juntos o mesmo curso de inglês. E garantem que vem dando certo.

"Quando eu estou atacado, ele se acalma, mas, assim que me acalmo, é a vez dele. Entretanto, no trabalho, a gente consegue separar bem. Ninguém percebe se tivermos discutido qualquer coisa antes de chegar à loja. Somos superprofissionais. De vez em quando, para dar uma respirada, a gente pede que um vá para a casa da mãe", brinca Glecciano.

Com relação à própria sexualidade, Rodrigo viveu um conflito anterior à relação com o empresário. Hoje tem consciência de que o maior preconceito enfrentado era o que mantinha dentro de si mesmo – passou anos tentando ser hétero. Virgem até os 22, idade em que conheceu Glecciano, chegou a ser noivo de uma menina durante a adolescência sem manter relações sexuais com ela.

A namorada queria casar virgem e Rodrigo a respeitava. Na verdade, isso o deixava numa situação confortável, porque ele não precisava encarar a questão. Como a amava demais, acreditou por um tempo que daria certo: "Acho que até hoje sinto esse amor, só que de forma diferente. Isso é algo que nunca falei na frente do Glecciano, mas é verdade. Toda vez que a vejo, sinto algo balançar aqui dentro. Me dá uma tremedeira nas pernas."

Justamente por gostar muito da moça, Rodrigo terminou o namoro, deixando todos chocados. Sentia que precisava resolver a questão: estava com 19 anos e ainda era virgem. Chegou a sair com outras meninas, mas não sentia atração por elas. Por preconceito seu, assumido, não saía com homens.

Rodrigo não acha que a homossexualidade seja uma opção. Para ele, é uma condição de nascença.

"Sei que sou gay porque nasci assim. Se pudesse escolher, teria preferido o caminho mais fácil, mais aceito pela sociedade. Não tive alternativa, assim como acredito que nenhum gay tenha. Esta é uma condição que me acompanha desde que me entendo por gente."

Glecciano, por sua vez, estava consciente de sua homossexualidade desde o início da adolescência. Nascido em Petrópolis, em família evangélica, saiu de casa aos 16 anos em busca de mais autonomia para vivenciar plenamente sua condição sexual. Não queria bater de frente com o preconceito e a resistência da própria família. Não conseguia encontrar ali a liberdade que buscava. Foi assim que aprendeu a ser discreto, a não fazer alarde de sua vida.

Para Rodrigo, conhecer Glecciano foi um divisor de águas em sua vida. Mais velho, experiente e em busca de envolvimento verdadeiro, o rapaz era muito diferente do estereótipo que o assustava.

"No mundo gay existe muita promiscuidade. É sexo excessivo, dois homens juntos, muita testosterona. Tinha medo de ser devorado por essa promiscuidade. Com Glecciano percebi que podia ser diferente. Preocupava-me em ter alguém a meu lado que fosse como eu. Glecciano tinha todos os atributos que buscava em uma pessoa, independentemente de ser homem ou mulher. Queria alguém com a cabeça no lugar, e ele sempre teve", comenta Rodrigo.

O princípio do relacionamento foi cercado de cuidado. Ainda sem qualquer envolvimento mais sério desde o término com a namorada adolescente, Rodrigo não deixou claro para Glecciano se estava ou não disponível para um envolvimento amoroso com um homem.

Os dois se encontraram em uma festa "totalmente hétero", na casa de amigos, no Rio. Glecciano viu Rodrigo dançando num cantinho e comentou com outro convidado: "Olha que graça de menino." O amigo respondeu: "Ele é o teu número." Como não sabia se era gay, o primeiro contato foi na base da amizade, sem paquera agressiva. Em nenhum momento Rodrigo deixara claro que era homossexual. Glecciano também não quis perguntar. "Até porque jamais quis influenciar ninguém a respeito disso, é muita responsabilidade", explica.

Desde o dia em que se conheceram até a ocasião do primeiro beijo, um mês se passou. Nesse tempo, a amizade cresceu. Rodrigo contou sobre os próprios medos, revelou que ainda não havia perdido a virgindade. Glecciano respeitou e esperou que o rapaz sinalizasse. No dia 15 de julho de 2000, o primeiro beijo aconteceu.

"Rodrigo tremia dos pés à cabeça, estava apavorado", lembra Glecciano.

O momento foi tão marcante que Rodrigo descreve com exatidão como Glecciano estava vestido: "Ele foi meu primeiro homem e a única pessoa com quem transei. Naquele dia estava todo de preto. Usava camisa polo preta, um casacão preto, uma calça jeans preta e botas pretas."

O encontro foi quente, o desejo era intenso. Rodrigo finalmente se abria para uma relação homossexual. Chegou em casa com o rosto bastante arranhado.

"Parecia que tinha feito um *peeling* facial. Acho que me entreguei mesmo. O beijo foi muito bom. Em seguida, fiquei pensando: sou gay. Será que vou virar pintosa? Sempre fui meio ogro, com jeito de hétero. Temia que o estilo fosse confundido com o dos garotos de programa. Michês têm um biotipo parecido com o meu. Sempre que aparece um cara mais fortinho, a galera já acha que é michê. Essa diferença de perfil é fácil de identificar numa boate. Tem o grupinho das barbies, das pintosas, dos michês, dos mais velhos, dos descolados... É nítido. Hoje sou cabeleireiro, trabalho com moda, por isso tenho mesmo que dar umas pintas. Mas eu era um diamante bruto, que não tinha sido lapidado", teoriza.

Ao ouvir o relato, Glecciano recorda uma passagem engraçada. Quando se conheceram, Rodrigo estava se formando em fisioterapia. Era comum falar que ia visitar um cliente ou fazer massagem em um velhinho.

"Olha como isso soava esquisito! Meus amigos me pediam para ter cuidado com Rodrigo, que ele ia me roubar, levar tudo do meu apartamento. Logo ele, que era todo certinho!", diverte-se Glecciano.

Longe de ter o perfil dos michês, Rodrigo queria que a relação seguisse moldes tradicionais. Por isso, após dois anos de namoro sério, Glecciano comprou alianças de noivado. A comemoração foi com festa no apartamento e declarações de amor diante de amigos.

Eles já estavam juntos havia dois anos e quase não falavam sobre morar juntos, apesar de Rodrigo estar sempre na casa do namorado. Um dia, perto de comemorar três anos de namoro, finalmente ficou claro que queriam casar. Compraram alianças e ofereceram uma festa para os amigos mais íntimos. Naquela época, Rodrigo ainda não tinha assumido a relação para a família. Foram anos sem revelar nada. Sempre que chegava à casa dos pais, escondia a aliança de noivado no bolso. "Era uma ginástica." Hoje a relação em família é uma das prioridades do casal. Quando a loja de Ipanema foi inaugurada, os pais estavam presentes, foram os primeiros a chegar.

"Achei que não fossem, estão velhinhos. Não conversam comigo sobre o assunto, mas demonstram que estão numa boa em relação a isso", diz Rodrigo.

Orgulhoso dos 10 anos de união, o casal planeja uma festa de casamento numa praia de Búzios. Festa com tudo a que tem direito – pés descalços, bênçãos, amigos íntimos como testemunhas...

Quem os vê juntos percebe que a cumplicidade e a sintonia são fortes. Em geral temida pelos homens, a polêmica "DR" (discutir a relação) é vista com bons olhos pelo casal, que chega a reservar uma noite na semana para dizer ao outro tudo o que está sentindo.

"Precisa haver transparência e muito papo. Quando a gente sente qualquer coisa no ar, senta e conversa. As noites de sexta-feira são aquelas em que a gente se abre. Não necessariamente para discutir a relação, mas para ouvir o outro. Abrimos um vinho e o que vem à cabeça a gente fala, como dois amigos", conta Rodrigo.

"Fidelidade não costuma ser a diretriz nas relações amorosas entre dois homens, muito menos a valorização de um lar harmonioso, daqueles com a despensa sempre cheia e jantares servidos na mesa no fim do dia. No mundo gay há bastante falta de pudor e, por isso, acredito que a estabilidade do meu casamento com Rodrigo cause tanto espanto entre os conhecidos", arrisca Glecciano.

Menos falante do que o parceiro, Glecciano acredita que o fato de preservarem a intimidade é outro aliado no sucesso da relação. A discrição se reflete no jeito como se veste. Sempre em cores escuras, de grifes sóbrias, Glecciano admite ser bem mais sociável em eventos de trabalho do que em reuniões ou festas pessoais: "Não me sinto confortável em trocar beijos e carícias em público. Mesmo se fosse hétero, também não ficaria à vontade. É parte de minha personalidade ser mais reservado e me preservar."

Formado em enfermagem, Glecciano transferiu a facilidade de cuidar dos pacientes para o trabalho como cabeleireiro. Hoje é conhecido por cortar as madeixas de estrelas exigentes, como as do rei Roberto Carlos e de uma infinidade de atrizes famosas. Em sociedade com Rodrigo, mantém o Espaço Glecciano Luz, na Barra da Tijuca, e o estúdio Backstage, em Ipanema, onde só atende clientes previamente agendados.

O status profissional do casal é encarado como um dos trunfos na luta contra o preconceito.

"A condição financeira é muito importante na nossa sociedade. O fato de ter sucesso em minha profissão se reflete no respeito que as pessoas me dedicam. Desde o porteiro do prédio ao garçom do restaurante, ou mesmo entre os clientes que atendo, todos demonstram grande respeito pela minha relação com Rodrigo. Infelizmente, sei que não é assim com outros casais em condições mais desfavoráveis", avalia Glecciano.

A opinião é compartilhada por Rodrigo: "Se a pessoa é bonita e rica, faz o que quer e ninguém olha. Se é feia e pobre, todo mundo cai em cima. É uma pena, mas esse é reflexo da nossa realidade. Além disso, tem a questão postural. De quanto você se expõe. A gente se expõe pouco."

Para Glecciano, a mídia e as passeatas gays ajudam bastante na hora de derrubar as barreiras que o preconceito impõe: "O preconceito hoje é menor do que há 10 anos. As paradas gays repercutem fortemente, pois envolvem milhões e milhões de pessoas em todo o mundo. As novelas ajudam a expor os conflitos com personagens gays. Antes de tudo, é preciso curar o preconceito dentro de si mesmo. Se ele não existir em você mesmo, é mais fácil não sofrê-lo. Ou, se sofrer, você lida melhor com ele, pensa que o problema é da pessoa preconceituosa e não seu."

A revelação sobre a homossexualidade e o casamento para os pais de Rodrigo só aconteceu cerca de três anos depois do primeiro beijo. Sem coragem de chamá-los para conversar a respeito de tema tão delicado no contexto religioso de sua família, deixou a comunicação a cargo da irmã.

"Nunca contei diretamente. Assim que casei com Glecciano, chamei minha irmã para um trabalho no salão. Glecciano precisava de uma assistente. Assim que ela o conheceu, chamei para uma conversa e abri o jogo. Minha irmã me surpreendeu, reagiu como se soubesse há anos. Sabia que era linguaruda. A ideia era justamente que revelasse a meus pais. Dito e feito. Uma semana depois eles souberam por ela. De lá para cá, têm sido muito bacanas comigo."

Rodrigo tinha medo de sofrer preconceito não apenas por ele, mas também por sua família. Não sabia como reagiria se fosse chamado de veado na rua. Sempre teve tanto medo que procurou se proteger. Os pais evangélicos, mesmo sem entender seus motivos, o aceitam e respeitam. "Depois de anos e do preconceito vencido, brinco com minha mãe que o único filho que fez tudo como manda a tradição fui eu. Tenho quatro irmãs e fui o único que noivei antes de casar. Já meu pai nunca se refere ao Glecciano como meu marido. Imagina! Ele tem 80 anos. Mas pergunta: 'E o Glecciano, como está?' É a forma dele de dizer 'filho, está tranquilo.'"

A mãe de Glecciano ainda deixa escapulir na frente de Rodrigo que um dia verá o filho casado com uma mulher.

"Uma vez, minha mãe e a do Rodrigo foram nos visitar. As duas, faladeiras, não disseram uma palavra durante o jantar. Foi estranhíssimo. Era como se houvesse um constrangimento no ar. As duas são evangélicas praticantes. Achei que pudesse haver sintonia, mas o silêncio foi enorme", conta Glecciano. Ainda assim, ambas frequentam o lar do casal. Bem decorada, com louças e taças de cristal sempre disponíveis para encontros em família, a casa é aberta aos parentes.

Os dois desejam ser pais, mas a opção da adoção ainda é difícil. Preferem tentar a barriga de aluguel com uma amiga.

"Um filho fortaleceria bastante a relação. Quando a gente cria um patrimônio, tem algo a passar adiante. É a base que podemos deixar. Queremos dar continuidade à nossa história e aos nossos valores. Mas não queremos adotar. Acho bonito o ato de adoção, mas é difícil para mim. Não tenho o dom de chegar em um orfanato e escolher uma criança que já exista para ser meu filho. Acho que só pode fazer isso quem de fato tem essa disponibilidade afetiva. É uma vocação. Eu não tenho tal vocação. Quero um filho que se pareça comigo, que seja uma extensão minha. É bonito ver a continuidade entre pais e filhos.

Mas isso, segundo Glecciano, esbarra em outra dificuldade: o impasse é encontrar uma amiga disposta a engravidar pela gente e eleger quem vai doar o sêmen primeiro", explica.

16

Cavaleiro de Jorge

BETO NEVES

No conto popular religioso, o destemido cavaleiro São Jorge, montado em um cavalo branco, derrota um dragão com sua espada. Assim como o Santo Guerreiro do qual é devoto, o estilista Beto Neves, 47 anos, precisou vencer muitas batalhas para traçar sua trajetória de sucesso na moda brasileira. O sonho da juventude era ver o nome impresso em cartaz num estande de moda. Beto conseguiu bem mais do que esperava ao fundar a marca masculina Complexo B. Seus desfiles conquistaram o público, ele participou do Fashion Rio, vendeu suas ideias para Paris e alcançou muitas outras metas que o menino Roberto, nascido em Niterói, jamais imaginaria.

Foi com essa história bem-sucedida que viveu seu grande relacionamento na vida: o casamento de quase duas décadas com a profissão: "Minha obstinação pelo trabalho me fez evoluir." Ele acredita ter feito um "pacto de sangue e de alma" com a carreira. Os prazeres de Beto na vida pessoal foram anulados: "Era como se tivesse criado uma imensa bolha e vivesse como uma azeitona dentro dela. Desse modo, as pessoas viam a bolha e não me enxergavam."

A lembrança mais marcante da infância é a de um quadro de gesso que representava São Jorge. Um São Jorge rodeado de lâmpadas vermelhas, pendurado na parede da sala de estar da casa dos pais.

Filho de uma dona de casa e de um vendedor, Roberto nasceu em Niterói, no dia 24 de abril. Sendo o primeiro neto da família, foi muito querido e papariacado pelas mulheres da casa – a mãe, a avó e uma tia.

Foi aos 16 anos que descobriu a atração que sentia por homens. Antes chegou a ter algumas namoradas, mas não manteve relação sexual com nenhuma delas. Seu olhar ficava hipnotizado pela virilidade, pela barba, pelo bigode. "Era uma atração incontrolável", ele conta. Ainda assim, para Beto, homem é homem e mulher é mulher, independentemente do que acontece na cama.

Assim que percebeu ser gay, falou para uma vizinha que tinha um problema. Desde então iniciou a terapia.

"As sessões mexiam comigo, doíam, ardiam. Tinha medo de me envolver e não queria decepcionar as pessoas que amava. Era bom filho, bom aluno e não me sentia cobrado por ninguém devido à homossexualidade. Percebi que eu mesmo me cobrava o tempo todo. Nem para o terapeuta falava o que sentia. Levei uns três meses para abrir meu coração. Só aos poucos fui me libertando."

Nessa época, quando tinha por volta dos 18 anos, Beto viveu sua primeira experiência homossexual. O parceiro foi um homem que trabalhava no prédio onde ele morava. Os dois foram ao show do cantor Barry White no Maracanãzinho. Naquele dia, Beto experimentou o beijo e o sexo com outro homem. Foi horrível. O parceiro queria sexo e Beto, amor e carinho. Coisa de primeira vez.

Mas foi só uma noite de aventura. Antes dessa experiência,

só tinha transado com mulheres duas ou três vezes: "Não foram lá grandes coisas."

Apesar de a esta altura já ter resolvido internamente sua orientação sexual, Beto não teve tempo de experimentar os amores da juventude. Apaixonou-se várias vezes, mas nunca conseguiu estabelecer um relacionamento duradouro com outro homem. As circunstâncias da vida o levaram a manter o foco na família e no trabalho. O pai, alcoólatra, separou-se da mãe quando Beto tinha 19 anos. O rapaz precisou assumir as rédeas da família.

"Por causa disso, eu me tornei pai da minha irmã, então com 15 anos, e marido da minha mãe, que estava emocionalmente fraca. Administrar essa situação foi uma evolução pessoal para mim. Larguei minha vida para cuidar de tudo. Me sentia com 30 ou 40 anos."

Beto conta que a família nunca questionou sua orientação sexual: "Era como se minha virtude vencesse meu 'defeito.'" Beto também não falava sobre o assunto em casa: "O que sou está ali o tempo todo. Límpido e cristalino. Sou o que sou em qualquer lugar."

Ele precisou abandonar o curso de publicidade para ganhar a vida. Trabalhou como boy em escritório de advocacia. Foi caixa de banco enquanto vendia roupas. O olhar aguçado para a moda já estava presente antes mesmo de descobrir que queria apostar na profissão. O clique aconteceu depois de ter visitado uma feira da indústria têxtil em São Paulo. Ali teve a exata noção de que queria viver e evoluir no mundo da moda.

Beto descobriu, como vendedor de roupas, que podia sobreviver sem o emprego no banco. Ao ser demitido, comprou sua primeira máquina de overloque com o valor da indenização. Seu sonho foi viabilizado pelo apoio da tia Maria Lenita, sua fada madrinha, que aceitou se associar ao sobrinho. Os negócios progrediram e, aos 27 anos, ele comprou o primeiro apartamento.

O estilista conquistava aos poucos seu espaço. Foi convidado para expor na Babilônia Feira Hype, criou sua marca e mudou-se de Niterói para o Rio, onde abriu a primeira loja, em Copacabana. No ano 2000, durante um concurso da Semana Barra Shopping de Estilo, levou São Jorge para as passarelas. Precisaria de muita força para estar entre os vencedores.

"O concurso foi um embate. Por mais que me sentisse guerreiro, queria estar na frente da batalha. Diante da concorrência, poderosa, pensei comigo mesmo: "Se fulano é filho de não sei quem ou casado com não sei quem, eu sou filho de São Jorge."

A ideia de levar o santo guerreiro para a moda agradou: "Inconscientemente, com São Jorge nas roupas, mexi com um sentimento adormecido nas pessoas e fui parar nos cadernos de comportamento dos jornais."

O reconhecimento profissional crescia mas a vida sentimental não o acompanhava. Durante algum tempo, sua sensação era a de que emocionalmente tinha 6 anos, e profissionalmente 60. Havia realmente casado com o trabalho. A confecção, que era Beto Neves antes de ser Complexo B, acabou sendo seu grande relacionamento.

O resultado foi que, aos 40 anos, ele viveu uma crise de identidade. Ao rever sua vida, fez uma descoberta: "Não tive lado pessoal."

Beto sentia que precisava provar alguma coisa, mostrar que era forte e capaz de vencer sem ser engenheiro, advogado ou médico como seus primos.

Atualmente, o estilista procura um reencontro. Quer descobrir quem é o Roberto e o porquê de o Beto ter virado personagem.

"O grande problema que tive com minha empresa foi não visar o lucro. Queria mesmo era encontrar a felicidade no meu empreendimento, assim como todos buscam a felicidade no casamento. Só que empresa e casamento são duas coisas diferentes. Empresa é para dar lucro, casamento, para trazer felicidade. Agora estou me separando litigiosamente de algumas coisas, amigavelmente de outras."

Voltou a estudar. Está cursando administração de empresas e jura que não se arrepende pelo passado. Faz planos para um futuro bem próximo: os 50 anos. Quer dar vida ao Roberto que deixou para trás: "Ninguém colocou uma arma na minha cabeça ou me mandou trabalhar. Só que descobri que era muito mais importante me jogar na empresa e no trabalho do que numa relação."

Houve muitas paixões, sentimentos intensos que o faziam sofrer. Interessou-se por homens que não eram gays. Ou por outros de classe social mais baixa que a dele: "Hoje compreendo que isso era uma fuga. Buscava coisas impossíveis com medo de enfrentar o relacionamento." Anos depois, atribui tais escolhas à insegurança, como se optasse sempre pelo que não daria certo. Acredita que tinha autoestima baixa e sentia medo de ser feliz.

Beto tatuou nos braços as imagens de Iemanjá e São Jorge, além da frase "Tenha fé". Vive agora um momento de profunda reflexão.

"É preciso coragem para passar a limpo nossa vida e nossas escolhas. Nesse processo compreendi a relação com meu pai. Até sua morte, paguei-lhe um salário mínimo por mês para que ficasse afastado de nós. Porque, para mim, ele morreu quando eu tinha 20 anos. Quem sabe, se ele não tivesse sido um pai tão fraco, eu não seria o que sou hoje. Ainda bem que eu soube tirar proveito da situação."

Na adolescência, precisou se adaptar às piadas e ao preconceito de outras pessoas. Durante um acampamento, ouviu de alguns jovens: "Coloca isso perto dele, porque é o lugar mais fresco que tem aqui." Naquela época, e em todas as vezes nas quais ouviu piadinhas, preferiu não criar polêmica.

"Se você se assume como gay, diminui o peso que precisa carregar. Não vou acender uma chama ou brigar por isso."

O incidente com maior carga de preconceito aconteceu em 2007. Na época, ele e um grupo de amigos resolveram ir a uma boate frequentada pelo público GLS em Ipanema. Um dos amigos usava boné de paetê. Foi o que despertou a atenção de quase 10 jovens, que partiram para a agressão.

Um amigo disse: "Corre!" Não deu tempo. Foi atingido na nuca por uma pedra e acabou levado para um hospital público. Naquele dia, sua companhia era um rapaz por quem estava apaixonado. Beto pensava o tempo todo que aquele ato de homofobia o havia privado de momentos de felicidade. Não guardou ódio ou mágoa dos agressores.

Por conta de sua orientação sexual, alguns acabaram rotulando sua marca. Diziam que era moda para gay: "Não é, faço roupa para homens ousados e antenados." Ser devoto de São Jorge ajudou-o a superar o preconceito que encontrou pelo caminho.

Segundo ele, "São Jorge tem a figura do dragão que vence o mal e o negativo. É a vitória de uma batalha que simboliza minha vida, o espírito guerreiro e a luta contra o preconceito".

A decisão do STF, que garante a casais homossexuais direitos já previstos no Código Civil para casais heterossexuais, é, para Roberto, apenas um reconhecimento do que já acontece na prática.

"Tenho vários amigos casados. Eles mantêm relacionamento estável e uma vida a dois. Nas relações entre pessoas do mesmo sexo, elas acabam marginalizadas por causa da pressão do proibido. Com essa decisão, os direitos serão mantidos. É uma consagração do que já acontece de fato na vida dos casais homossexuais."

17

No interior do Brasil

MARCO TRAJANO

"A gente pode até não se ver mais, mas quero que você fique com meu relógio. Toda vez que olhar as horas saberá que me proporcionou o melhor momento da minha vida." Foi com essas palavras que Marco se despediu de Oswaldo depois da primeira noite de amor.

Ainda hoje se emociona e os olhos se enchem de lágrimas ao lembrar o momento que marcou o início de um relacionamento bem-sucedido que hoje já conta 20 anos. Sim, os dois se reencontraram e não se largaram mais.

Marco Trajano, 47 anos, é analista de projetos da prefeitura de Juiz de Fora. Lá, coordena e implanta programas para segmentos vulneráveis (mulheres, jovens, gays). Oswaldo Braga Jr., 52, é jornalista. Atualmente trabalha em Brasília com políticas públicas voltadas para a comunidade LGBT. Ambos mineiros, fundaram o Movimento Gay de Minas (MGM) em 2000.

O casal se conheceu no réveillon de 1993 numa boate gay. Marco chegou à festa pouco antes da meia-noite com um amigo. "Olhei para o espelho e vi um homem lindo, de blazer branco e camiseta amarela. Ele dançava diante do espelho. Comentei com meu amigo que era um gato, mas provavelmente um mala, porque admirava a si mesmo em vez de olhar para outras pessoas", diverte-se Marco.

Marco e o amigo foram à pista para dançar lambada, ritmo de sucesso na época. Beberam demais e, de repente, no meio de um passo da música, Marco jogou as mãos para cima e sentiu alguém segurá-las. Ele se virou e era Oswaldo: nem pensou duas vezes e partiu para o beijo. Saíram da boate e foram conversar no carro.

"Quanto mais Oswaldo me beijava, mais eu tremia. Parecia que tinha febre, calafrios... Transamos e fiquei deslumbrado. Olhei para ele e alguma coisa me disse: 'Esse cara é para o resto da vida.' E era."

Não foi fácil para Oswaldo, que vinha de uma relação heterossexual, era divorciado, pai de dois meninos e tinha muita dificuldade de vivenciar a homossexualidade.

"Ele fazia questão de não criar vínculos. Não queria se expor porque tinha filhos. Mesmo deixando isso claro naquela primeira noite, o sentimento foi tão forte que ele me procurou no dia seguinte para dizer que não conseguia parar de pensar em mim."

O romance deslanchou e os dois começaram a namorar. Oswaldo viajava de Belo Horizonte a Juiz de Fora para ficar com Marco. A mãe de Marco o adorava (nessa época, seus pais já eram divorciados), até levava o café da manhã na cama para eles. Seu pai morreu em 1996, três anos depois de Marco e Oswaldo se conhecerem. Sabia que o filho tinha alguém, mas os dois não chegaram a se conhecer.

Agora Oswaldo só vai para casa a cada 15 dias. Quando estão juntos, gostam de tomar um chopinho, caminhar no calçadão da rua Halfeld e cozinhar.

"Está difícil aguentar a distância. É uma novidade na relação. Sempre nos divertimos juntos. Oswaldo é excelente cozinheiro. Aos domingos, vamos para a cozinha. Ele faz um feijão com paio que é de lamber os beiços. Também gostamos de viajar, pegar o carro no final de semana e ir à praia ou a uma pousada."

Atualmente, os dois são mais caseiros e já não frequentam noitadas. O programa favorito deles é ficar em casa com amigos ou ler algum livro.

Adoção, neste momento, não está nos planos, até porque Oswaldo já tem dois filhos.

"Ele já exerceu a paternidade. Sinto vontade, mas fico inseguro por conta da idade e por não querer que seja só um capricho meu. De certa forma, já realizo a paternidade com os filhos dele", ressalta Marcos, que é chamado de paizão pelo filho mais novo de Oswaldo, Gabriel, já com 24 anos.

A relação com o outro filho do companheiro é um pouco mais distante: "O mais velho não é agressivo, mas ausente." Na prática, isso quer dizer que não se envolve como o caçula, que telefona, manda beijo e sai para tomar cerveja com eles. "Não acho que seja preconceito. Respeitamos e entendemos", explica.

Marco é o filho do meio de uma família de classe média. A irmã (mais velha) é lésbica e o irmão (mais jovem) é bissexual: "Somos uma família LGBT de fato, reunimos todas as letrinhas da sigla."

Ainda criança, com cerca de 4 ou 5 anos, Marco já percebia que se sentia atraído por outros meninos. Sem saber o que aquilo significava e com medo de se expor, guardou para si o sentimento até que completou 10 anos. Foi quando arrumou o primeiro namorado, Paulo.

A mãe percebeu que ele gostava de outros meninos e o levou

a um psicólogo. No entanto, a ideia não era "curar", mas proporcionar-lhe o entendimento do que acontecia. Marco acredita que, graças à atitude da mãe, exerce hoje sua sexualidade de forma tranquila. Sabe quem é seu objeto de desejo: "Se me chamarem de veado, não me importo. Sou mesmo! Isso para mim não é ofensivo. Sou um homem que gosta de homem e sou tão homem que assumo, não tenho conflito."

Depois do primeiro namorado, veio Mauro, moço casadoiro, com quem ficou dos 14 aos 18 anos. No Exército, namorou outro Paulo, também soldado: "No Exército, a prática homossexual era frequente. Todos os garotos de 18 e de 19 anos iam às festas programadas. Era o clube do bolinha. Por isso fiquei quase quatro anos por lá. Era tão bom..."

Em casa, vigorava a discrição sobre a orientação sexual dos filhos. A mãe sempre recebia Oswaldo como namorado de Marco, deixava que eles dormissem juntos, mas ela nunca presenciou um beijo.

"Na nossa sociedade, vivemos uma homossexualidade reprimida. A sexualidade pertence aos machos, ao homem. Meu pai era um cara que ia à zona boêmia transar com várias mulheres. Ele foi o primeiro e o único namorado de minha mãe. Acho que só depois do movimento feminista, dos hippies dos anos 1960, passamos a buscar nossa sexualidade", analisa Marco.

O pai dele, alfaiate, era machista a ponto de a mulher ter de fazer seu prato. Não era fácil, portanto, lidar com questões como homossexualidade e direitos da mulher. Quando começou a perceber que era gay, entraram em conflito.

"Ele se incomodava com meu jeito, que nunca foi afeminado, mas também não era como o dos outros meninos. Queria que eu fizesse coisas de homem, cortasse o cabelo curto, quase raspado. Incentivava atividades masculinas, como futebol e judô."

Paradoxalmente, o pai tinha certa sensibilidade. Quando ele manifestou interesse pelo violão, o pai contratou um professor na hora. De todo modo, no assunto homossexualidade, contou mesmo foi com o apoio da mãe.

Marco transou com uma mulher pela primeira vez aos 29. A experiência foi prazerosa, mas faltou afeto.

"Foi muito legal e tranquilo. Ela sabia que eu era gay. Então não fiquei preocupado com a ereção. Qualquer coisa que acontecesse estava no pacote. Foi prazeroso, mas meio mecânico. O objeto do meu amor sempre foi do gênero masculino. Posso transar com uma mulher ou mesmo engravidá-la. Mas, se acontecer, será sem o amor romântico erotizado. É possível até que exista tesão, mas não vou tomar café da manhã com ela nem ler o jornal a seu lado..."

Marco explica que não constrói vínculos com mulheres. Só se une afetivamente a outros homens. Amou quatro vezes na vida, e todos esses amores tiveram como objeto homens. Teve o amor de adolescente, o amor enlouquecedor do primeiro namorado, o amor no Exército por Paulo e agora por Oswaldo.

A ONG que fundaram em Juiz de Fora, o Movimento Gay de Minas, é voltada ao combate à homofobia e tem diversos projetos para o público LGBT. O sobrado no centro da cidade, incluindo os móveis, tem as cores do arco-íris e clima alto-astral. "Lá ninguém tem vergonha de ser o que é."

As portas do sobrado ficam abertas de segunda a sexta. O lugar oferece atendimento jurídico e psicológico. No centro de convivência, os frequentadores participam de debates e interagem na sinuca, na lanchonete e na biblioteca. Depois do debate, o espaço vira uma espécie de clube. Eles atendem também grupos de adolescentes LGBTs, em sua maioria compostos por negros da periferia que, por meio da atividade cultural, acabam criando uma identidade LGBT. Durante a semana, passam pela sede entre 780 e 850 pessoas. Dessas, 400 frequentam semanalmente o espaço.

Quando o movimento gay ainda não tinha a visibilidade de hoje, Minas Gerais organizava eventos que se tornaram referência. Há 35 anos, o concurso Miss Brasil Gay sacode o calçadão da rua Halfeld, principal da cidade. O acontecimento pioneiro é organizado por Chiquinho Mota, hoje com mais de 60 anos e ainda cheio de disposição.

Aproveitando o bochicho do concurso, Marco e Oswaldo criaram, em 1998, o Juiz de Fora Rainbow Fest. É um fórum de debates sobre direitos e inclusão social dos homossexuais. O Rainbow Fest cresceu, apareceu e deu força para o surgimento do Movimento Gay de Minas.

Atualmente, conta Marco, o Rainbow Fest é o maior evento turístico de Juiz de Fora. Arrecada mais de R$ 10 milhões para os cofres do município. A festa atrai mais de 15 mil turistas, gera empregos temporários, além de encher a cidade com as cores do arco-íris.

Atuante no movimento pelos direitos dos LGBTs, Marco considerou uma vitória o reconhecimento da união estável.

"Luto sistematicamente pelo combate à homofobia e contra o machismo. Nós nos sentimos mais cidadãos depois da decisão do Supremo Tribunal Federal. A medida joga por terra a ideia de que não existe afeto na relação homossexual. Existe, sim. Vivo isso na minha vida. Agora também temos o direito de ser reconhecidos como família. Não são apenas dois homens que dormem juntos. É claro que ainda vai levar tempo até que a união estável seja aceita no dia a dia", diz ele.

Mas Marco vai mais além: "É fundamental oferecer referências à juventude. Vamos fornecer informação e tranquilidade para os adolescentes. Só assim eles não se sentirão culpados. Temos um alto índice de gravidez não planejada, bem como um número elevado de jovens com aids. Isso só muda com educação. O Brasil é o país da bunda, do carnaval, em que o sexo é banalizado. Paradoxalmente, não se conversa sobre sexualidade por aqui. Nunca é tarde para mudar."

18

O preconceito mora ao lado

ANDRÉ LUÍS SENA E FÁBIO SANTOS FERREIRA

Nenhum dos dois sabe quem se encantou pelo outro primeiro. Não importa. André Luís Sena, 37 anos, historiador e bibliotecário, e Fábio Santos Ferreira, 31, bailarino, estão juntos há cerca de dois anos. A paixão pegou os dois de jeito em 2009, quando se conheceram em uma igreja carioca sem preconceito contra gays. Fábio fazia uma coreografia durante um evento e André não desgrudou os olhos do moreno. Ele recorda esse dia com lágrimas nos olhos: "Eu já o tinha notado havia um tempo, mas a gente não se aproxima de um homem bonito assim fácil! Vi Fábio dançando noutra ocasião, dessa vez uma coreografia inspirada num hino evangélico tradicional, 'Galhos secos'. A letra é tocante, fala de uma flor que brota onde antes não havia nada. Ao ver aquilo, chorei. De certa forma, a letra tem a ver com a questão homossexual. Onde ninguém acha que pode haver santidade, no meio da comunidade gay, Deus mostra que é possível. Quando Fábio terminou de dançar, fui cumprimentá-lo, abracei-o e disse que ele era a árvore seca mais bonita que eu tinha visto."

Fábio não ficou indiferente. Na época em que conheceu André, vinha de uma série de relacionamentos frustrados, que não duravam mais de um mês. Mas dessa vez foi diferente: se conheceram e não se largaram mais.

Eles descobriram que moravam no mesmo bairro, Santa Teresa. Numa carona que André ofereceu, aconteceu o primeiro beijo. Em menos de 15 dias, Fábio se mudou para o apartamento de André. Ele havia sugerido ao namorado que viesse para sua casa. Não imaginaram que o desafio de dividir o mesmo teto fosse tão grande: "Morar com um amigo é uma coisa, casar é outra. Os espaços se confundem, as manias falam mais alto. Foi difícil descobrir do que o Fábio não gostava. Eu continuava a fazer as mesmas coisas de sempre. Até me convencer de que ele detesta ser acordado, por exemplo, foi um custo! Vivia beijando ele a noite toda!", diz André.

Para Fábio também não foi fácil: "A gente acordava toda hora para ver se era verdade, se estava realmente junto. Fiquei esgotado, estressado. Precisava dormir. À época trabalhava numa academia de pilates, tinha que acordar cedo. Depois as coisas se normalizaram e André descobriu que o sono era essencial para mim."

André "saiu do armário" direto para a militância. Por isso achava importante que a família de Fábio soubesse de sua existência. O companheiro, ao contrário, preferiu deixar passar um pouco mais de tempo. André respeitou os princípios dele. Um teve de entender o outro.

Finalmente, Fábio disse para a mãe que tinha casado no início do ano. Não foi simples. Ele passou um mês com sua família, que mora em Aracaju, pensando em como contar. Só teve coragem de enfrentar a questão três dias antes de voltar para o Rio. Aos prantos, falou com sua mãe e disse que, se ela achasse a notícia muito ruim, respeitaria e não voltaria mais em casa. Ela perguntou se Fábio roubava ou matava. Ele, então, disse que era homossexual e tinha casado. Ela retrucou: "Era só por isso que você estava chorando?"

"Eu, desesperado, com o André me ligando todos os dias, cobrando uma notícia. Na nossa família não havia nenhum gay assumido. Eu sabia que tinha, mas não era declarado. Acabei com isso. Contei para ela que sofria preconceito na escola, que apanhava. Ela respondeu que eu devia ter dito, pois estaria do meu lado. A relação com minha mãe melhorou depois disso. Ela ficou mais à vontade para falar das coisas dela para mim", revela Fábio.

Hoje a mãe de André anda de mãos dadas com Fábio na rua. Mas a relação com a sogra nem sempre foi harmoniosa. "Minha mãe é muito ciumenta, assim como meu falecido pai. Quando soube que Fábio cozinhava bem, foi um problema! No início, não aceitou bem nossa relação. Recusava-se a falar com ele até por telefone. Insisti que era meu companheiro e que, se não falasse com ele, eu deixaria de ligar para ela. Minha mãe recuou, afinal sou filho único", explica André.

Fábio, mais talentoso para as tarefas domésticas, assume a casa, enquanto André cuida da gestão financeira.

"É um alívio que ele tome conta da casa. Nunca gostei muito desta parte. Fábio trabalha, estuda, investe na carreira de coreógrafo, mas tem um pouco mais de tempo do que eu. Temos sorte, fazemos coisas das quais gostamos", relata André.

Fábio atuou na novela *Escrito nas estrelas*, da TV Globo. André trabalha há 10 anos na Maison de France. Também é professor no curso de relações internacionais da Universidade Estácio de Sá, onde dá aulas de história moderna e formação histórica do Brasil. Em 2009, concluiu o doutorado em história política na Uerj.

André e Fábio estavam felizes com a receptividade da Urca, para onde se mudaram há alguns meses, depois de passarem maus momentos em Santa Teresa. Infelizmente, no dia 12 de fevereiro de 2010, a tranquilidade foi quebrada. Caminhavam em direção a um bar quando um carro passou devagar e os ocupantes disseram "coisas horríveis". Foi a primeira vez que foram xingados na rua. Diante do ocorrido, fizeram questão de denunciar. "Não podemos ficar calados numa situação como essa", comenta André.

Em Santa Teresa, bairro boêmio e conhecido como liberal, foi onde sofreram mais preconceito. "É um lugar muito hipócrita. Apesar do ar alternativo, fomos vítimas de preconceitos bárbaros", conta André.

Numa ocasião, um vizinho colou na porta de entrada da casa um desenho "feito pelo filho" com duas figuras afeminadas e desmunhecando, seguidas das palavras: "Cuidado, aliens!" André recorda que isso aconteceu depois que Fábio foi morar com ele. Os motoristas de táxi também os tratavam de forma preconceituosa. Certa vez, um parou e gritou para o outro no meio da rua: "Olha lá, um casal de boiolas!" Fábio peitou: "Qual é o problema?"

Sofreram preconceito também num trailer tradicional de lanches que fica na praia de Botafogo. Quando estudava na Uerj, André sempre parava ali. Apresentou o lugar a Fábio, mas os atendentes os trataram de forma diferente, com voz afetada, ao constatar que eram um casal. "Já tive vontade de reclamar. Não é fácil, tem um momento em que a gente se cansa de ser ativista 24 horas", confessa André.

Na Urca, sim, os dois recebem o tratamento que esperam. São reconhecidos até pelos motoristas de ônibus. "Quando me veem sem o Fábio ou ele sem mim, perguntam: 'Cadê o outro? Mande um abraço para ele.' Os motoristas de ônibus nos respeitam como casal", orgulha-se André.

André foi conselheiro do Grupo Arco-Íris de Conscientização Homossexual entre 2002 e 2007. Até o início de 2010, foi coordenador da área cultural do Instituto Arco-Íris, braço de relações públicas do Grupo Arco-Íris, que leva temáticas LGBT para a comunidade em geral. Por incompatibilidade ideológica, decidiu se afastar do grupo.

"Atualmente o movimento gay no Rio está falido e aparelhado por partidos políticos. Ele devia ser autônomo justamente para se afirmar enquanto manifestação plural e democrática. Hoje sou militante de uma igreja inclusiva", conta André.

Para Fábio, a posição do companheiro foi um pouco assustadora no início, já que sua luta sempre foi mais solitária. Apenas depois que começaram a namorar foi que prestou atenção ao tema: "Passei a enxergar que isso era válido. Hoje fazemos nossa própria militância."

Entre outras atitudes, o casal dá preferência a lojas que contratam gays e travestis. Por exemplo, um supermercado na Urca que contratou um transexual, ou uma loja de sapatos no bairro do Catete, que também empregou vários transexuais e gays. E fazem propaganda desses lugares. Acreditam que, comprando com eles, financiam a ideia de incluir essas minorias na sociedade.

Diante da onda *gay friendly*, com as paradas atraindo milhares de pessoas, ser homossexual hoje é pop?

"Acho que é pop porque várias coisas hoje são pop. Jesus é pop, evangélico é pop. Como o evangélico era visto há alguns anos? Pobre. Existe uma classe média evangélica no Rio. Aí vira pop. Quase não vemos aquela mulher da Assembleia de Deus, com roupa comprida e coque. É como mulher vestida de burca, um arquétipo da nossa fé. A partir dos anos 1990, a causa gay passou a ter visibilidade. Isso tem mais a ver com a aids do que com as paradas gays, que existem desde a década de 1960. Quando, na década de 1990, o namorado do Michel Foucault colocou uma camisinha rosa gigante no obelisco, fundando o movimento "Act-Up" (Aja agora contra a aids), aquilo foi um marco. Até aquela época, ser gay era coisa da contracultura. Hoje é pop, porque vivemos na sociedade do espetáculo, onde é mais fácil expressar de maneira superficial a homossexualidade. Ser gay é pop, permanecer gay é foda", teoriza André.

Ele manteve sua primeira relação homossexual aos 8 anos, com um primo dois anos mais velho. Guarda uma boa lembrança da experiência: "Ficamos nus, houve um simulacro de penetração. Foi tudo consentido, adorei. Acredito na orientação sexual como algo inato, a expressão disso é que ela é construída ao longo da vida. Você nasce homossexual. Isso é uma condição que tem vários aspectos, genéticos e existenciais. Existe gente infeliz, vivendo na clandestinidade, expressando de forma pouco saudável sua sexualidade, como a prostituição masculina, por exemplo, o que pode muitas vezes resultar em violência."

Aos 12 anos, apaixonou-se pela primeira vez, por um colega do colégio pré-militar: "Sempre fui masculinizado, com uma energia masculina muito grande, quase falocrática. Por outro lado, meu desejo sempre se deu por gays mais delicados. Ele não era nada delicado, afinal estávamos num colégio militar. Se daria um soco na minha cara, caso soubesse dos meus sentimentos? Sim, e levaria 10 socos, porque eu era violento também. Éramos amigos, e eu suspirava de amor por ele conscientemente, mas do olho para dentro. Ninguém desconfiava. Não era pelo medo do soco na cara que não me declarava. Sabia que ele transava com homens, pois dizia para todo mundo que 'comia veado.'"

André explica que no movimento homossexual há os HSH – homens que fazem sexos com homens mas não são gays: "Isso ainda precisa de estudo mais aprofundado. Uma parcela da população masculina brasileira adota esta prática mas não é considerada gay. A homossexualidade é uma linguagem, uma forma de estar no mundo, e se nasce assim. Se a gente olhar desta forma, um homem que 'come' o outro é gay, vamos restringir a homossexualidade à penetração."

A família de André era muito conservadora. Ele ouviu muitas vezes do pai que "todo veado deve morrer". Um dia, sem tolerar mais aquilo, falou que ele teria que matar o próprio filho. O pai não disse nada: "Meus pais tinham muita personalidade e herdei isso deles. Sempre me impus, foi a maneira que encontrei de não ser pressionado diretamente."

André não teve uma adolescência homossexual: chegou a namorar muitas mulheres. Apenas aos 24 anos namorou o primeiro homem. Foi quando saiu do armário e de casa. Em família, sofria o que considera homofobia em segundo grau, tão perversa quanto a de primeiro grau, aquela declarada: "Convivia com a homofobia do tabu. Todo mundo sabe, mas ninguém toca no assunto. Queria que falassem abertamente para que eu pudesse brigar."

Ele contou para os pais que era gay já na idade adulta, durante um almoço. Algum tempo antes havia acontecido o casamento de uma prima e seu pai perguntou quando seria o dele. André então expôs que era homossexual. Diante da notícia, o pai confessou que sempre soube e se pôs a chorar. Pediu que ele não participasse de nenhum movimento gay, mas André já fazia parte do Arco-Íris. Também pediu que não olhasse para nenhum homem na frente dele. O filho respondeu que a primeira coisa não podia fazer, mas que, quanto à segunda, obedeceria em respeito a ele.

Para André, o mais interessante foi notar que o pai, depois que soube oficialmente, normalizou a história. Sempre que via alguma reportagem sobre gays, recortava e guardava para o filho. Houve uma época em que André namorava um rapaz que gostava muito de vôlei, e seu pai assistia aos jogos com ele, sem nunca perguntar se eram namorados.

Já sua mãe teve reação diversa. Da porta para fora, defendia o filho. Fez parte até da reunião de pais do grupo Arco-Íris. Seu argumento para participar era o de que ia lá porque tinha de aprender a defendê-lo. Da porta para dentro, porém, não tocava no assunto.

A descoberta da homossexualidade também não foi fácil para Fábio, que sentiu na pele o preconceito da família nordestina. Ele sempre soube que era gay, vivia se apaixonando pelos meninos na escola. Já a vida em casa era complexa. Na sua opinião, a sociedade nordestina tem uma sexualidade mais liberada, mas isso não diminui o preconceito contra os homossexuais: "Fui muito reprimido, principalmente pelos meus irmãos."

Fábio pertence a uma família de 10 irmãos: quatro mulheres e seis homens. Sua mãe é empresária e o pai trabalhava na construção civil. Como era considerado afeminado, proibiam-no até de participar das danças da moda. Como saída, dedicou-se avidamente aos estudos e a se afastar dos ambientes que a família frequentava. Aos 16 anos, descobriu a dança, "o que foi maravilhoso". Como era de esperar, disseram que era "coisa de veado" e o estimularam a manter relações com uma garota de programa. Fábio nunca teve namoradas: "Entrei em paranoia, não sabia o que fazer." Descobriu então que havia um programa de assistência psicológica perto de sua casa – foi buscar ajuda.

Dos 10 aos 17 anos, houve um intervalo na manifestação da homossexualidade. O primeiro namorado veio aos 17. Ele tinha 25 anos e foi seu primeiro homem. Estavam apaixonados, ficaram juntos por sete meses. Só não foi melhor porque era tudo muito clandestino. A família desconfiava e ameaçava. Falavam que iam dar um jeito se descobrissem que era gay.

Aos 20, Fábio fez um teste para o Balé Teatro Guaíra. Passou e se mudou para Curitiba, cidade em que teria um encontro marcado com a felicidade. Ficou lá por sete anos. "Foi onde me encontrei e descobri meu potencial como pessoa."

Fábio abraça e beija André, que chora. "Olha, amor, ela vai dizer que você chorou", brinca Fábio. A essa altura, aproveitando a deixa da emoção, a pergunta é inevitável: gay é mais sensível? O casal manifesta opiniões diferentes.

"Acho que sim. A maioria trabalha em atividades que exigem sensibilidade maior, como estética, beleza. Mesmo quando em atividades braçais, em algum momento a sensibilidade vai fluir. Caso de um amigo nosso, que era pedreiro, marceneiro e depois fez curso de moda, trabalhou até na maquiagem da Valéria Valenssa", comenta Fábio.

Neste ponto, André concorda, embora alerte para o cuidado com os estereótipos: "Não adianta colocar o filho gay num trabalho 'para macho'. Sempre gostei de futebol, estudei em escola militar e sou homossexual. Quando era conselheiro do Arco-Íris, tínhamos uma dinâmica chamada 'Clarificando conceitos'. Tentávamos colocar para as pessoas que gay não é mais sensível. Apenas utiliza mais a sensibilidade. Expressa mais. O gay tem o corpo tão interditado que usa isso para se libertar. Ele pensa: 'Se não posso beijar meu namorado na rua, se não posso dizer no Censo do IBGE que vivo com meu companheiro, vou fazer o melhor cabelo que puder, vou fazer a melhor decoração de interiores que puder.'"

Para Fábio, gays representam a companhia masculina, com um quê de entendimento do lado feminino. André, por sua vez, defende que quem menos entende de mulher é gay.

"A expressão dele enquanto homossexual de fato está interditada. Se eu gosto de homem e não posso ser homossexual, quem sou? A resposta mais óbvia: mulher. Estamos vivendo agora a desconstrução disso. O homossexual vai começar a ser simplesmente gay. Estamos começando a criar uma identidade de gênero. Veja que os xingamentos não são necessariamente homofóbicos, são ginofóbicos também: 'mariquinha', 'gosta de homem'. Ora, se gosta de homem, é... mulher."

André complementa: "Houve um problema de contingência histórica. Na Grécia, o homossexual não tinha nada a ver com mulher. Pelo contrário, existia desprezo pela figura feminina. A companhia do homossexual grego era sempre um homem. Na Grécia helênica, aquela conquistada por Alexandre, o Grande, toda a sociabilidade da homossexualidade é masculina. Ou seja, ele anda com homens, faz coisas de homem. Por que mudou? Acho que se transformou com o cristianismo medieval, com o interdito da homossexualidade, que a reduz a uma suposta condição feminina abominável, mal resolvida. O mesmo se diz das lésbicas, que sofrem um preconceito terrível, que acaba muitas vezes em estupro, vide o filme *Meninos não choram*. Muita gente pensa: 'Ela gosta de mulher porque não é bem comida.' Acho que isso tem a ver com a nossa época, não com a natureza da homossexualidade."

Além de sofrer preconceito no bairro onde moravam, André e Fábio passaram por situações constrangedoras no trabalho. André diz que não tem do que se queixar em relação à Maison de France, onde é bibliotecário. Mas não pode dizer o mesmo da Universidade Estácio de Sá, onde dá aulas.

"Converso com meus alunos sobre homossexualidade, todo mundo sabe. Uma vez saí no *Globo*, numa matéria sobre movimento gay, e um aluno veio me mostrar o jornal, falando baixinho, em tom conspiratório, que tinha me visto. Fiz ver que aquela atitude era absurda. Não estávamos falando de um jornaleco e sim de uma publicação de âmbito nacional. Mas na Estácio a homofobia acontece assim: sou muito querido, minha aula é dinâmica, acabei de receber uma gratificação por mérito no magistério, mas nunca me convidaram para ser patrono de uma turma, para churrascos, nada."

André prossegue: "Tem uma frase do Michel Foucault que adoro: 'Não tem o menor problema em dar o cu. O problema é dar a mão.'"

Fábio comenta que é maior o preconceito contra homossexuais no balé clássico.

"Quando era do Guaíra, os coreógrafos estrangeiros se apaixonavam por mim, queriam me colocar na coreografia. Eu e outros bailarinos gays éramos sempre cortados duas semanas antes de começarem as montagens. No Rio, o preconceito diminuiu, ainda que exista sempre alguém para soltar maldade. Fazia aula na Angel Vianna e um professor comentava coisas como: 'Quando eu dançava no corpo de baile do Municipal, tinha um colega que parecia uma gazela, de tão veado.' Ou: 'Esse exercício parece coisa de veado, mas não é.'"

André e Fábio fazem planos. Querem ter filhos, possivelmente mais de um. Mas só quando o casal estiver mais estruturado em termos financeiros. Quando isso acontecer eles pretendem adotar uma criança com HIV. Eles entendem que, nos orfanatos, muitas são abandonadas por serem doentes e acabam morrendo. Lutarão para que ela também não sofra preconceitos. E para que seja livre.

19

Filho de Deus

TONI REIS E DAVID HARRAD

Aos 14 anos, Toni Reis queria ser irmão marista. A influência veio da mãe, beata que lavava a roupa do padre da paróquia no tanque do casarão em que morava com os seis filhos em Pato Branco, Paraná. Nessa época, o garoto frequentava os encontros vocacionais da igreja e fazia leituras durante a missa. Mesmo assim, ouviu do padre que não poderia seguir o sacerdócio. A alegação era de que, na igreja, alguém com o seu "problema" não seria aceito.

Toni era gay, mas não tinha ainda consciência do que isso significava. Assim, na tentativa de encontrar uma solução, contava para todo mundo que seu "pinto" funcionava para homens e não para mulheres.

O padre era de confiança e, logo que soube do problema de Toni, descobriu a solução: uma novena para Nossa Senhora do Perpétuo Socorro. E fez uma recomendação: Toni não poderia se interessar mais por homens. A novena não teve fim e foi o primeiro de muitos remédios prescritos para o menino, que fez promessas para Santa Edwiges, foi a terreiros, tomou leite de égua, bebeu xaropadas de raízes e rezou com fé. Tudo em vão.

Aos 12 anos, na escola, os colegas já o chamavam de bichinha e veado. Quando criança, não via problema em trocar figurinhas de jogadores de futebol feios pelos mais bonitos. Também não via nada de errado em gostar de ser a mãe nas brincadeiras de casinha com as meninas. Ou em ganhar uma bola e envolvê-la com pedaço de pano, pegar um carvão, fazer os olhos e batizá-la de Maria Isabel.

Só que sua mãe e os irmãos, que o levavam para trabalhar na oficina mecânica da família, pensavam diferente. Não achavam seu modo de ser nada corriqueiro. Toni foi parar no psicólogo, que recomendou um médico. No consultório do dr. Antônio Freire, urologista da região, veio a explicação para seu jeito: "Você é homossexual e isso não é anormal. Mas a sociedade vê a homossexualidade como algo anormal. Então, você terá que se adaptar a ela para poder viver com tranquilidade."

Foi o que Toni decidiu fazer. Durante muitos anos, teve um objetivo na vida: destacar-se para superar o preconceito. Chegou a pensar em suicídio três vezes porque se sentia inadequado. Sua sensação era a de que não servia para nada. Fazia promessas para curar o seu "problema" e, como não adiantava, a frustração era enorme.

Aos 21 anos, Toni deixou de lado o sonho de ingressar no seminário. Estudou muito e, além dos processos seletivos para as Casas Pernambucanas, a Caixa Econômica e o Banco do Brasil, passou no vestibular da Universidade Federal do Paraná. Lá cursou letras, longe da família e finalmente livre das chacotas. Aprendeu a conviver com o fato de ser gay, engajou-se na luta pelos direitos dos homossexuais e conheceu David Harrad, com quem está casado há 21 anos.

Os tempos de faculdade foram intensos pelo contato com as obras de autores importantes da literatura, pela militância no movimento estudantil e pela possibilidade de namorar em liberdade. Foi nessa época que resolveu assumir publicamente sua homossexualidade.

"Não me sentia mais tão anormal. Havia assimilado a noção de homossexualidade, ainda que faltasse alguma coisa. Sempre lia que a aceitação da homossexualidade estava ligada à cultura."

Saiu em busca de novas referências. Um dia após se formar, embarcou para a Espanha com apenas 10 dólares no bolso. Depois de uma reza forte e uma passada em vão pela embaixada brasileira em busca de ajuda, Toni foi parar numa igreja. Por lá angariou mais 50 dólares e a indicação de um abrigo para dormir. Era terça-feira da Semana Santa. Na sexta-feira, arranjou seu primeiro emprego na Europa. Foi contratado como lavador de elefantes de um circo.

As capitais europeias proporcionaram o engajamento no movimento gay. Em Madri, participou de passeatas. Em Viena, tomou parte pela primeira vez da Conferência Mundial da Associação Internacional de Lésbicas e Gays (Ilga). Foi também a Milão, onde, pelo Partido Comunista Italiano, participou de manifestações políticas. Por fim, Paris.

A convivência com os companheiros do movimento europeu permitiu o contato com outro padrão de comportamento homossexual, bem distante do estereótipo ao qual estava acostumado no Paraná.

De Paris, onde se dedicou a visitar bibliotecas, galerias de arte, monumentos e igrejas, foi para Londres. Antes, cuidou de planejar sua passagem pela imigração. Viajou de trem, vindo do País de Gales, depois de ter transitado por Dublin e cidades menores da Irlanda e da Inglaterra. Chegou à cidade e 15 dias depois já trabalhava.

Foi lá que encontrou seu príncipe encantado numa noite de inverno de 1990. Estava havia duas semanas em Londres quando avistou David vestido de sobretudo, terno e gravata em uma escada rolante de Highgate Station. Pensou imediatamente: vai ser meu marido.

Quando chegou ao alto da escada rolante, já na saída para a rua, esperou David chegar. Aproximou-se e tentou se comunicar. "Falava errado e ele me corrigia." Começaram então a conversar. David contou que era casado e Toni disse que queria passar a vida inteira com ele. Conversaram das 21h até as 2h. Era uma terça-feira. Ficaram de se encontrar na casa de Toni na segunda-feira seguinte.

David chegou à hora marcada, levando vinho e espaguete, primeiro prato que comeram juntos e que até hoje está na mesa do casal em ocasiões especiais. À época, David era casado com uma mulher que conhecera logo ao entrar para a universidade. Eles haviam namorado por dois anos antes de terem uma relação sexual. A primeira vez deles aconteceu em Paris durante um estágio que faziam para a faculdade de letras, que ambos cursavam na Inglaterra. O casamento durou dez anos e foi durante esse período que David teve sua primeira experiência homossexual. Até então sentia apenas atração por homens, mas, pelo temperamento fechado e um tanto reprimido, não deixava o desejo aflorar.

Num dia de verão londrino, durante uma folga na semana, foi passear em Hampstead Heath, parque no norte da cidade. Já conhecia o lugar e sabia que havia um recanto, escondido pelo capim alto, em que rapazes nus curtiam o sol deitados na grama. Duas horas depois chegou um homem, aproximou-se dele e tirou a roupa. Ficaram juntos ali, um tocando o corpo do outro. A experiência proporcionou um prazer jamais experimentado por ele no casamento.

David voltou outras vezes ao parque, até que conheceu Toni, em 1990, e se separou da esposa, aos 32 anos: "Toni chegou no momento exato. Ele era a pessoa certa para mim e transformou minha vida. Deixei para trás 32 anos de frustração ao casar com ele."

Nesse mesmo ano, visitaram o Brasil e ficaram por dois meses. Toni já havia escrito para a mãe e os amigos a respeito de David. Foram bem recebidos. A mãe, que tanto havia buscado solução para seu "problema" ao longo da infância e adolescência, foi a primeira a receber David com carinho.

No final de 1991, mudaram-se definitivamente para o Brasil. Escolheram Curitiba para morar. Lá construíram uma vida sólida a dois, embora aberta a outros relacionamentos.

"Vivemos sob este acordo há mais de 20 anos. Temos amor e sinceridade um com o outro. Não queremos ser modelo para ninguém, mas tem funcionado muito bem assim com a gente", comenta Toni.

Em mais de 20 anos de casados, Toni e David enfrentaram poucas situações complicadas pelo fato de serem um casal gay. Uma delas ganhou o mundo. Em 1996, David estava irregular no país e seria deportado para a Inglaterra. Estavam em casa quando receberam a visita de um funcionário da Polícia Federal. O agente comunicou a David a obrigatoriedade de retornar à Inglaterra em oito dias.

Obtiveram a prorrogação do visto de turista algumas vezes até que a situação se tornou insustentável. David teria de casar ou ter filhos no Brasil. A história ganhou as páginas dos jornais, o horário nobre da TV e sensibilizou a opinião pública quando a mãe de Toni, viúva aos 65 anos, se ofereceu para casar com David. A atitude os emocionou profundamente, mas não consideraram que seria uma opção para eles. Faziam questão de batalhar pelo direito de cidadãos.

O casal recorreu a advogados e deputados. Foi articulada, junto a vários ministérios, a formalização de um trabalho voluntário para David. A mobilização permitiu que o inglês fosse contratado pelo Grupo Dignidade, ONG que ele e Toni fundaram. Também foi emitido um visto temporário. A solução definitiva veio com o contrato de união estável, firmado pouco depois do vencimento do visto.

Toni tem certeza de que sofreram muito mais pela falta de leis que garantam direitos iguais para casais gays do que efetivamente pelo preconceito. Prova disso é que há seis anos aguardam na fila de adoção.

"Todos os casais héteros já adotaram. Nós ainda esperamos. Para falar a verdade, sou mais discriminado na rua quando saio com a camisa do "Coxa" (Coritiba, time de futebol) do que por ser gay."

O brasileiro é presidente nacional da Associação Brasileira de Lésbicas, Gays, Bissexuais, Travestis e Transexuais. Na introdução a *Direito de amar*, livro no qual relata sua trajetória desde a infância até o casamento com David, explica que, ao contar sua história, não deseja estampar um protótipo da relação homossexual. O intuito é oferecer exemplos para que as pessoas entendam e respeitem cada vez mais os homossexuais como cidadãos.

A obra tem até um capítulo dedicado aos pais de gays e lésbicas com direito a um comovente depoimento de dona Maria, mãe de Toni: "Às vezes me perguntam o que levou Toni a ser homossexual. Por que ele não é heterossexual, por que ele não gosta de mulher? Mas eu acho que ele já tinha que ser assim. Já nasceu assim. Isso não se troca, não tem médico para trocar, porque já veio por Deus. E isso ninguém desmancha. Já me disseram que homossexualidade é pecado, que a Igreja condena. Mas eu não acredito que seja pecado. Eu falei com o padre. Eu contei tudo para o padre. Ele falou que não é pecado. Eu me confessei, conversei com o padre. Contei que tinha um filho assim. Ele disse que não é pecado porque não é só meu filho que é. Tem muitas outras pessoas que são. Então, eu acredito que o homossexual é filho de Deus também."

20

Amor de farda

FERNANDO ALCÂNTARA DE FIGUEIREDO E
LACI MARINHO DE ARAÚJO

Em *Top Gun – Ases indomáveis*, um jovem entra para a academia da Força Aérea e se torna piloto de caça. Tom Cruise estrelava o filme, sucesso dos anos 1990. O então adolescente Fernando Alcântara de Figueiredo, que morava no Recife, sonhava com as cenas que via no cinema.

Filho de um mestre de obras e de uma dona de casa, acreditava que o alistamento militar era a oportunidade de um bom emprego. Antes, havia trabalhado como atendente de balcão em padaria e tido outros serviços informais.

Aos 19 anos, ingressou na Aeronáutica e deu início à carreira militar. A vida mudaria logo depois, ao se apaixonar por um colega de farda. Fernando queria ser das Forças Armadas porque o estilo de vida lhe parecia adequado. Havia seriedade, comprometimento e respeito às autoridades: "Sempre fui muito certinho e isso me deixava feliz." Um tempo depois, porém, descobriu que tinha miopia e que não poderia ser piloto. Naquela época, não aceitavam quem tivesse feito cirurgia corretiva.

Entre 1992 e 1994, Fernando serviu à Aeronáutica. Logo em seguida, foi aprovado para o curso de sargento do Exército. Em

1995, depois de 10 meses no curso preparatório em Juiz de Fora (MG), foi transferido para Brasília. Passou a servir no Batalhão da Guarda Presidencial – o BGP. Na unidade, chegou a sargento de tiro e dava instruções sobre o armamento do Exército.

Foi na capital da República que conheceu o também sargento Laci Marinho de Araújo, que era de Natal e tinha chegado a Brasília naquele mesmo ano. Até 1997, os contatos entre Laci e Fernando ficaram restritos a cumprimentos. Tudo mudou quando foram morar na mesma república. Lá se tornaram mais próximos, íntimos. Pouco depois, Fernando – que só mantivera relacionamentos heterossexuais – foi surpreendido por um sentimento que tentava esconder desde a adolescência: sua preferência sexual por homens.

"O sentimento não fazia parte da minha cultura e formação religiosa. Existia um grande preconceito meu. Era um sofrimento enorme, mas sabia que cedo ou tarde teria de viver uma experiência dessas", lembra Fernando.

O pernambucano pertence a uma família católica, que quase não conversa sobre sexo. A intimidade é um tabu. O máximo que escutava a mãe dizer para os filhos era que usassem camisinha.

A relação amorosa entre os sargentos cresceu em silêncio. "A família é a primeira a saber e a última a admitir", explica Fernando.

Ele precisou vencer o próprio preconceito. Até os primeiros momentos, sofria muito: "Ficava naquela do desconhecido e do pecado, de que estava fazendo algo errado. Aí veio a outra fase, a de querer se descobrir, se conhecer. Fui atrás do tema em revistas e livros até saber que não se tratava de doença ou pecado. Apenas tinha predileções diferentes de algumas pessoas, o que era normal."

Laci e Fernando passaram a morar juntos. O relacionamento ficou mais sereno. A rotina do casal era familiar. Em 2001, quando já moravam em apartamento funcional na Asa Norte de Brasília, a tranquilidade dos sargentos foi abalada. Laci passou a sofrer com cefaleias intensas. Chegava a perder o equilíbrio e ficar inconsciente. Em 2006, as crises se tornaram mais constantes.

Eles contam que fizeram uma "verdadeira peregrinação" em Brasília para identificar a doença. Até que uma médica das Forças Armadas diagnosticou esclerose múltipla. Laci entrou em depressão profunda. Fernando conta que, por causa da doença, o companheiro abandonou a banda musical em que se apresentava como vocalista nos finais de semana.

Ainda no ano de 2006, Fernando foi designado gerente do sistema de saúde no Hospital Geral de Brasília (do Exército), onde servia desde 1998. Era o responsável pela área administrativa das cirurgias de emergência e afirma ter identificado um esquema de fraude em licitações públicas que envolvia militares de carreira.

"Eles tentaram me aliciar para o esquema de corrupção, mas não aceitei. Então iniciaram um processo de investigação da minha vida pessoal para explorar a questão da homoafetividade", denuncia Fernando.

Já havia suspeitas do envolvimento amoroso dele com Laci, que também trabalhava no Hospital Geral de Brasília.

"No Exército funciona assim. Se você tem mais de 30 anos e não é casado, alguma coisa está errada. Eles pensam que você é maluco ou tem distúrbio sexual. Eu tinha um agravante: morava com outro homem", prossegue Fernando. De acordo com seu relato, ele e Laci passaram a ser perseguidos em razão de suas orientações sexuais. Paralelamente, afirma ter sofrido perseguição política por conta do esquema de corrupção nas licitações públicas que havia descoberto.

Em 2007, Fernando procurou ajuda do Ministério Público Federal. De acordo com o sargento, o MP chegou a pedir a demissão de um general envolvido no caso, o que não ocorreu. Logo em seguida, o Exército deu ordem de alta médica compulsória a Laci, que estava em casa acamado.

"A partir da alta compulsória, conta-se o prazo de oito dias. Se você não se apresenta, é colocado no hall dos desertores", explica Fernando. Ele faz questão de lembrar que Laci permaneceu de cama por todo o período de oito dias.

No ano de 2008, os dois se sentiram tão pressionados que decidiram denunciar o caso à imprensa. Em entrevista à revista *Época*, assumiram sua homossexualidade. O casal, que posou com a roupa do Exército, ganhou a capa da publicação e a história, repercussão nacional. Alguns dias depois, os sargentos também concederam entrevista para um programa de TV em São Paulo. À saída, foram presos pelo Exército e levados de helicóptero para Brasília.

Fernando denuncia que Laci sofreu tortura psicológica no hospital em que ficou preso e internado. Também afirmam que, ao longo desse período, ele foi espancado, torturado e teve a medicação suspensa. Pela acusação de deserção, permaneceu preso durante 57 dias. Foi solto mediante habeas corpus concedido pelo Supremo Tribunal Federal. Ainda responde a outros procedimentos administrativos, mas voltou ao trabalho em virtude das pendências com a Justiça Militar pelo processo de deserção.

Os médicos diagnosticaram na época que Laci sofria de epilepsia do lobo temporal. Mais uma vez, obteve afastamento das funções pelos problemas de saúde. No final de 2010, foi condenado pela Justiça Militar por deserção. Pouco antes, em junho desse mesmo ano, Laci e Fernando foram condenados em primeira instância pela Justiça Militar, acusados de prejudicar a imagem do Exército com a afirmação de que Laci fora torturado. O Exército sempre negou a violência, e não há provas da tortura física nos autos do processo. O Ministério Público Militar concluiu que não houve tortura. À época, a defesa do casal informou que iria recorrer.

No finalzinho de 2011, Laci ingressou com seu pedido de aposentadoria do Exército, com base em uma "ata de inspeção de saúde" do próprio Exército, na qual é considerado "definitivamente incapaz" para o serviço militar. Fernando já tinha dado baixa do

Exército em junho de 2008. Ele respondia apenas a acusações disciplinares e conseguiu se desligar.

Juntos há 14 anos, Fernando e Laci acreditam que tiveram o relacionamento fortalecido nos últimos tempos.

"Essa é uma história que não é só minha. Acontece todos os dias nas Forças Armadas, e a coragem de expor tudo ao público já é uma grande vitória. Você quebra um enorme tabu e reescreve a história das Forças Armadas. Fomos o primeiro casal de militares gays brasileiros a declarar publicamente essa condição ainda na ativa", afirma Fernando, que hoje se dedica à ONG Instituto Ser de Direitos Humanos.

Ainda com problemas de saúde, Laci encara como questão de honra provar na Justiça que sua doença é incompatível com o trabalho que exerce. Filho de um carpinteiro e de uma costureira, o sargento, que antes de ser do Exército foi policial militar e tem um irmão padre, se considera bissexual e não sofreu preconceito com a família por sua preferência.

Em janeiro de 2012, Laci e Fernando, alegando sofrer perseguição no Brasil, decidiram pedir asilo político à Corte Interamericana de Direitos Humanos da OEA (Organização de Estados Americanos).

Apesar de toda a perseguição e do preconceito que suportou ao lado de Fernando, Laci encara o passado com orgulho: "Os soldados, os cabos e os sargentos nos têm como heróis. A legislação é dura e cruel. Agora, quando vou ao trabalho, eles me olham como se pensassem: 'Ele é nossa voz.' Não posso condenar todo mundo, houve pessoas que nos ajudaram."

Sobre o relacionamento com Fernando, revela-se apaixonado ao falar do companheiro: "Eu faria mil vezes a mesma coisa se fosse necessário. Não me arrependo de nada. Somos parte um do outro, nos completamos. Se um vai para a briga, o outro também vai. Não fosse isso, acho que não teríamos resistido."

Índice de fotos

Pág. 12 – Michael comemora durante partida contra o Sada Cruzeiro. Foto: CBV/Divulgação

Pág. 22 – Evandro em seu atelier. Foto: Laura Marques/Infoglobo

Pág. 34 – Carla (esq.) abraça Cinthia durante a gravidez de Ilan. Foto: Marizilda Cruppe/Infoglobo

Pág. 42 – O jornalista Andre Fischer. Foto: Arquivo pessoal

Pág. 48 – Carlos (esq.) e André se divertem com as filhas Vanessa e Valesca. Foto: Cel Lisboa

Pág. 56 – André Ramos (esq.) e Bruno Chateaubriand em frente ao badalado Copacabana Palace. Foto: Michel Filho/Infoglobo

Pág. 72 – Gilberto (esq.) e Rodrigo nos Estados Unidos. Foto: Arquivo pessoal

Pág. 80 – Suzana (de camisa branca) ao lado da noiva, Gyslaynne. Foto: Michel Filho/Infoglobo

Pág. 86 – James Alison continua padre, mas sem congregação. Foto: Arquivo pessoal

Pág. 96 – André Piva (de costas) põe a aliança em Carlos Tufvesson no casamento. Foto: Marcos Ramos/Infoglobo

Pág. 104 – O editor Joaci (dir.) abraça Fábio. Foto: Arquivo pessoal
Pág. 114 – Haroldo Enéas: o rei das festas. Foto: Arquivo pessoal
Pág. 120 – Deise no trabalho, no centro do Rio. Foto: Cel Lisboa
Pág. 126 – Victor Orellana é pastor da igreja cristã Acalanto, que aceita homossexuais. Foto: Michel Filho/Infoglobo
Pág. 134 – Glecciano Luz (esq.) no salão em que trabalha com o parceiro Rodrigo Gomes. Foto: Arquivo pessoal
Pág. 144 – Beto Neves em frente a uma de suas populares coleções. Foto: Michel Filho/Infoglobo
Pág. 152 – Marco Trajano (dir.) com Oswaldo: juntos há 20 anos. Foto: Arquivo pessoal
Pág. 160 – Fábio (esq.) e André em casa, em um dos retornos de Aracaju. Foto: Cel Lisboa
Pág. 172 – Toni Reis (esq.) e David Harrad no dia da oficialização da união estável. Foto: Arquivo pessoal
Pág. 180 – Laci (de farda, em pé) ao lado de Fernando. Foto: José Varella/Folha Imagem

CONHEÇA OUTROS LIVROS DO SELO PRIMEIRA PESSOA

O X da questão

Eike Batista

Eike Batista é um ícone do sucesso no mundo dos negócios. O "x" presente no nome de cada uma de suas empresas é símbolo da multiplicação de riqueza, ousadia, criatividade e capacidade de execução.

Da venda de seguros de porta em porta na Alemanha, da mochila nas costas atrás do sonho dourado nos garimpos da Amazônia ao êxito das aberturas de capital em série, tudo em Eike é superlativo, único e surpreendente.

Em *O X da questão*, o maior empreendedor brasileiro narra com sinceridade ímpar suas aventuras de desbravador, desde os maiores sucessos até as experiências que não deram certo e os erros cometidos no curso de projetos vitoriosos. Há lugar também para o que ele qualifica como estresses que o fizeram crescer, a começar pela asma na infância.

Eike Batista expõe ainda o arsenal teórico que está na origem de tantos negócios bem-sucedidos e que é hoje uma cartilha no Grupo EBX: a Visão 360 graus, bússola que norteia as ações do grupo e permite que cada empresa seja uma peça num grande mosaico integrado.

É hora de conhecer em detalhes a saga empresarial do homem que ajudou a colocar o Brasil no mapa-múndi dos negócios e que entende que o lucro se mede em números, mas que o valor de uma empresa se reflete no bem-estar da comunidade em que atua.

A vida quer é coragem

Ricardo Batista Amaral

Esse livro, resultado de pesquisas, entrevistas e observações do jornalista Ricardo Amaral, é um relato de uma grande aventura política do nosso tempo: a eleição da primeira presidenta do Brasil. É uma história de final conhecido, com um enredo em que se entrelaçam a trajetória pessoal de Dilma Rousseff e a evolução política do país nas últimas décadas; a história de uma brasileira que viveu, como poucas, os sonhos e as frustrações de sua geração, num país que ela vinha contribuindo para transformar muito antes de chegar ao Palácio do Planalto. A trajetória pessoal da presidenta Dilma Rousseff e a história do Brasil moderno se entrelaçam numa grande reportagem.

Do suicídio de Getúlio Vargas, quando era criança, ao golpe de 1964, quando se aproxima das organizações de esquerda. Da clandestinidade, prisão e tortura na ditadura militar, à luta pela anistia e pela redemocratização. O encontro de Dilma com Leonel Brizola, na fundação do PDT, e sua aproximação com Lula, durante o apagão e na campanha eleitoral de 2002. A chefia da Casa Civil, que assume em plena crise do mensalão, os bastidores da reeleição, a luta contra o câncer e a vitória nas eleições de 2010.

Uma história de resistência, esperança e coragem.

José Alencar – Amor à vida

Eliane Cantanhêde

José Alencar Gomes da Silva comporta várias biografias numa só: self made man, autodidata, homem que apoiou o golpe militar e aderiu às "Diretas Já", representante patronal que desafiou seus pares e integrou a chapa do líder dos trabalhadores, empresário milionário que subverteu a luta de classes e se tornou vice do torneiro mecânico eleito presidente da República. E, enfim, ícone da luta contra o câncer.

Típico patriarca, Alencar foi o menino pobre que estudou até a primeira série do antigo ginasial, saiu de casa aos 14 anos, abriu sua primeira loja aos 18, venceu, cresceu e construiu um império. Não satisfeito, exerceu forte militância empresarial e evoluiu para a política partidária. Apaixonou-se pelos palanques. Sonhou um dia ser presidente da República e revolucionar o Brasil.

Em toda essa trajetória de sucesso, jamais abandonou as origens e a fé num país mais desenvolvido e mais justo, nem se afastou dos pais, dos irmãos e dos sobrinhos, tornando-se o eixo em torno do qual girou uma numerosa família.

É esta saga de um brasileiro com tantas histórias e "causos" que chega agora às mãos do leitor pela pena sensível de Eliane Cantanhêde.

CONHEÇA OS CLÁSSICOS DA EDITORA SEXTANTE

1.000 lugares para conhecer antes de morrer, de Patricia Schultz
A História – A Bíblia contada como uma só história do começo ao fim, de The Zondervan Corporation
A última grande lição, de Mitch Albom
Conversando com os espíritos e *Espíritos entre nós*, de James Van Praagh
Desvendando os segredos da linguagem corporal e *Por que os homens fazem sexo e as mulheres fazem amor?*, de Allan e Barbara Pease
Enquanto o amor não vem, de Iyanla Vanzant
Faça o que tem de ser feito, de Bob Nelson
Fora de série – Outliers, de Malcolm Gladwell
Jesus, o maior psicólogo que já existiu, de Mark W. Baker
Mantenha o seu cérebro vivo, de Laurence Katz e Manning Rubin
Mil dias em Veneza, de Marlena de Blasi
Muitas vidas, muitos mestres, de Brian Weiss
Não tenha medo de ser chefe, de Bruce Tulgan
Nunca desista de seus sonhos e *Pais brilhantes, professores fascinantes*, de Augusto Cury
O monge e o executivo, de James C. Hunter
O poder do Agora, de Eckhart Tolle
O que toda mulher inteligente deve saber, de Steven Carter e Julia Sokol
Os segredos da mente milionária, de T. Harv Ecker
Por que os homens amam as mulheres poderosas?, de Sherry Argov
Salomão, o homem mais rico que já existiu, de Steven K. Scott
Transformando suor em ouro, de Bernardinho

INFORMAÇÕES SOBRE OS PRÓXIMOS LANÇAMENTOS

Para saber mais sobre os títulos e autores
da EDITORA SEXTANTE,
visite o site www.sextante.com.br
ou siga @sextante no Twitter.
Além de informações sobre os próximos lançamentos,
você terá acesso a conteúdos exclusivos e poderá participar
de promoções e sorteios.

Se quiser receber informações por e-mail,
basta cadastrar-se diretamente no nosso site.

Para enviar seus comentários sobre este livro,
escreva para atendimento@esextante.com.br
ou mande uma mensagem para @sextante no Twitter.

Editora Sextante
Rua Voluntários da Pátria, 45 / 1.404 – Botafogo
Rio de Janeiro – RJ – 22270-000 – Brasil
Telefone: (21) 2538-4100 – Fax: (21) 2286-9244
E-mail: atendimento@esextante.com.br